Parler plusieurs langues

François Grosjean

Parler plusieurs langues

Le monde des bilingues

Albin Michel

À Ismaël, en devenir bilingue.

Introduction

Qu'ont en commun Napoléon Bonaparte, Jean Jaurès, Pierre Elliott Trudeau, Marie Curie, Joseph-Louis Lagrange, Léopold Senghor, Samuel Beckett et Alain Mimoun ? Leur excellence, dans la politique, les sciences, la littérature ou le sport, leur a valu des honneurs nationaux et mondiaux : Jean Jaurès, Marie Curie et Joseph-Louis Lagrange sont inhumés au Panthéon, Léopold Senghor était membre de l'Académie française, alors que Samuel Beckett et Marie Curie ont obtenu un prix Nobel (cette dernière d'abord en physique, puis en chimie).

Outre leur notoriété, ces personnages ont un autre point commun : ils étaient bilingues, et même, pour certains, plurilingues. Napoléon Bonaparte a parlé corse bien avant d'acquérir le français. Jean Jaurès, grand tribun, se servait de l'occitan lorsqu'il fallait convaincre son public dans le sud de la France. Pierre Elliott Trudeau, Premier ministre du Canada à deux reprises, s'exprimait avec la même aisance en anglais et en français. Marie Curie, polonaise d'origine, garda des liens étroits avec le pays de sa jeunesse et se servait régulièrement de ses deux langues. Né à Turin, le mathématicien et physicien Joseph-Louis Lagrange passa de nombreuses années en Allemagne avant de s'installer en France, où il devint trilingue. Léopold Senghor, grand poète de la langue française, parlait aussi le sérère et le wolof. Samuel Beckett, irlandais d'origine, fut l'un des rares écrivains à rédiger ses œuvres dans l'une ou l'autre de ses langues. Enfin, le grand athlète Alain Mimoun, ancien combattant de la Seconde Guerre mondiale, parlait français et arabe.

Que certains lecteurs découvrent le bilinguisme ou le plurilinguisme de ces personnages montre bien que ce thème est mal connu. Il est aussi entouré d'idées fausses : le bilinguisme serait un phénomène rare ; les bilingues posséderaient une maîtrise équivalente de leurs différentes langues et seraient des traducteurs-nés ; les langues seraient acquises dans la prime enfance ; le bilinguisme précoce chez l'enfant retarderait l'acquisition du langage ; l'enfant bilingue avec un trouble du langage ne pourrait pas surmonter cette difficulté si l'on cherche à maintenir son bilinguisme ; le bilinguisme affecterait négativement le développement cognitif des enfants possédant deux ou plusieurs langues. En vérité, environ la moitié de la population du monde est bilingue ; il est exceptionnel qu'une maîtrise identique soit atteinte dans toutes les langues et il est rare que le bilingue soit un fin traducteur ; on peut devenir bilingue à tout âge ; les grandes étapes d'acquisition sont atteintes aux mêmes moments chez tous les enfants, monolingues ou bilingues ; les travaux de nombreux chercheurs indiquent qu'il n'y a aucun lien entre bilinguisme et troubles du langage ; enfin, l'enfant bilingue montre souvent une supériorité par rapport à l'enfant monolingue pour ce qui concerne l'attention sélective, la capacité à s'adapter à de nouvelles règles, et les opérations métalinguistiques.

Contre les idées reçues, l'objectif de ce livre est de vous permettre de mieux comprendre une réalité linguistique qui caractérise tant de personnes à travers le monde. Après un premier chapitre qui présente les critères qui définissent le bilinguisme et l'étendue du phénomène dans quelques pays de la francophonie, dont la France, un portrait sera brossé de la personne bilingue dans le deuxième chapitre; seront décrites certaines caractéristiques linguistiques du bilinguisme, dont les modes langagiers, ainsi que l'évolution des langues dans le temps. Le troisième chapitre, consacré au devenir bilingue, abordera les facteurs qui mènent au bilinguisme, le bilinguisme simultané et successif, et différents aspects linguistiques et psycholinguistiques du bilinguisme de l'enfant, ainsi que le rôle de la famille et de l'école, qui ont une importance capitale car elles déterminent en partie si l'enfant devient bilingue ou pas, maintient son bilinguisme, ou (re)passe au monolinguisme dans une de ses langues. Enfin, le quatrième chapitre s'intéressera à l'évolution des représentations du bilinguisme depuis le XIXᵉ siècle jusqu'à aujourd'hui, en laissant parler les bilingues eux-mêmes, et soulignera le danger de catégoriser les types de bilinguisme. Après un compte rendu de différentes études sur les effets du bilinguisme aux niveaux linguistique, métalinguistique et cognitif, viendra une description de la personne biculturelle, de sa participation à la vie de deux cultures, de sa personnalité et de son identité. Pour terminer, certains bilingues exceptionnels seront décrits ; nettement plus rares que les bilingues normaux, ils se distinguent par certains attributs qui leur sont propres.

Cet ouvrage se focalise sur la personne bilingue et biculturelle, l'adulte et l'enfant, et n'aborde que peu les aspects politiques ou sociaux du bilinguisme, thèmes largement débattus par ailleurs. Il ne traite pas non plus du cerveau bilingue ; cet aspect, qui relève de la neuropsycholinguistique du bilinguisme, en plein essor, nécessiterait un livre en soi.

Bilingue moi-même, je suis spécialiste du bilinguisme depuis plus de trente ans. Jusqu'à présent, les aléas de la vie ont fait que j'ai surtout publié en anglais ; mais devant des lecteurs francophones qui me demandaient des publications en français, j'avais toujours gardé l'espoir de pouvoir un jour rédiger un ouvrage sur le sujet dans ma première langue. C'est chose faite maintenant – et j'espère que ce livre sera à la hauteur de leur attente.

1.

Le monde bilingue

Le bilinguisme se manifeste dans tous les pays du monde, dans toutes les classes de la société, dans tous les groupes d'âge. Il se développe lorsqu'un individu a besoin de communiquer en plusieurs langues, et est dû à de nombreux facteurs tels que le contact de langues à l'intérieur d'un pays ou d'une région, la nécessité d'utiliser une langue de communication (*lingua franca*) en plus d'une langue première, la présence d'une langue parlée différente de la langue écrite au sein d'une même population, la migration politique, économique ou religieuse, le commerce international, les cursus scolaires suivis par les enfants, l'intermariage et la décision d'élever les enfants avec deux langues, etc. En examinant le contact des langues en Europe mais surtout en Afrique et en Asie, il a été estimé que près de la moitié de la population du monde est bilingue ou plurilingue. Qu'en est-il vraiment ? En réalité, cela dépend de différents paramètres, tels que la définition que l'on donne du bilinguisme, et l'approche que l'on utilise pour recenser les personnes bilingues, ainsi que nous allons le voir.

Comment définir le bilinguisme ?

D'après le sens commun, être bilingue signifie connaître deux langues très bien, sinon parfaitement. Nombreux pensent que la compétence doit être équivalente dans les deux idiomes, et que les langues doivent être acquises dans la petite enfance. Souvent, on croit aussi que l'individu bilingue ne doit avoir d'accent dans aucune de ses langues. Les locuteurs ainsi définis seraient de «vrais bilingues», ceux qui ne sont pas «parfaitement bilingues» ne pouvant pas recevoir l'étiquette de «bilingue».

Cette vision très restrictive du bilinguisme a été défendue par un petit nombre de linguistes au siècle dernier. Dans les années 1930, Léonard Bloomfield, un linguiste américain renommé, définissait ainsi le bilinguisme comme «la connaissance de deux langues comme si elles étaient toutes les deux maternelles[1]». Plus récemment, le neurolinguiste belge Yvan Lebrun maintenait : «On appelle polyglottes les personnes qui ont reçu une éducation bi- ou plurilingue et qui usent de plusieurs langues depuis leur enfance avec une égale aisance[2].» Et plus près de nous encore, Claude Hagège écrivait : «Être vraiment bilingue implique que l'on sache parler, comprendre, lire et écrire deux langues avec la même aisance[3].» Le linguiste français hésite toutefois entre une définition restrictive et une description plus ouverte, ajoutant que celui que l'on définit comme parfait bilingue l'est surtout dans les déclarations d'unilingues, surpris d'entendre parler une langue étrangère qui leur paraît

14

inaccessible. Dictionnaires et encyclopédies reflètent aussi cette description restrictive du bilingue, uniquement fondée sur la connaissance linguistique. Selon le *Dictionnaire de l'Académie française*, le bilingue est «capable de s'exprimer couramment en deux langues différentes[4]»; pour le *Dictionnaire du français contemporain*, il «use couramment de deux langues différentes dans le milieu où il se trouve[5]».

Il est vrai qu'un petit nombre de bilingues, comme certains interprètes, traducteurs, professeurs de langue et chercheurs, entre autres, remplissent ces conditions. Mais la grande majorité de ceux qui se servent de deux ou de plusieurs langues dans la vie de tous les jours n'ont pas une compétence équivalente et parfaite de leurs langues. De plus, ils sont nombreux à avoir acquis leur(s) autre(s) langue(s) à l'adolescence, ou même à l'âge adulte, et non dans la petite enfance. En outre, certains ne savent ni lire ni écrire une de leurs langues, et beaucoup d'autres ont un accent dans l'une d'elles. Enfin, ils se servent de leurs langues dans des situations différentes, avec des personnes variées, pour des objectifs distincts – un phénomène que l'on décrira sous le terme de «principe de complémentarité» au deuxième chapitre de cet ouvrage.

Appeler «bilingues» uniquement ceux qui ont une maîtrise équivalente et parfaite de leurs langues confine une grande majorité dans une catégorie sans nom : ceux qui ne seraient pas bilingues selon cette manière de voir ne sont pas monolingues non plus. Ce constat qui concerne un grand nombre d'individus qui utilisent régulièrement deux ou plusieurs langues dans leur vie quotidienne a amené des chercheurs à proposer des atténuations à cette définition trop restrictive. Selon certains, la personne bilingue possède la capacité de produire des énoncés significatifs dans deux (ou plusieurs) langues; d'autres avancent qu'il faut montrer une maîtrise d'au moins une compétence linguistique (lire, écrire, parler, écouter) dans une autre langue. Mais le changement le plus important a été de faire intervenir un deuxième facteur définitoire, à savoir l'utilisation ou la pratique régulière des langues. Ainsi, deux chercheurs nord-américains qui ont marqué la recherche sur le bilinguisme en leur temps, Uriel Weinreich et William Mackey, ont opté de manière indépendante pour une définition plus simple du bilinguisme : l'utilisation alternée de deux ou de plusieurs langues[6]. Cet accent mis sur la pratique se retrouve dans les définitions d'autres dictionnaires et encyclopédies tels que le *Robert* («qui parle, possède, deux langues[7]») et le *Littré* («qui se sert de deux idiomes différents[8]»).

Dans la suite de cet ouvrage, on utilisera la définition suivante : le bilinguisme est l'utilisation régulière de deux ou plusieurs langues ou dialectes dans la vie de tous les jours. Cette définition, nettement moins restrictive, englobe des bilingues très différents les uns des autres : les personnes qui parlent deux langues avec un niveau de compétence différent dans chacune d'elles, celles qui ne savent ni lire ni écrire l'une ou l'autre langue, celles qui ont une compétence de l'oral dans une langue et une compétence de l'écrit dans une autre, mais aussi, bien entendu, celles qui possèdent une très bonne maîtrise de deux (ou de plusieurs) langues.

Cette définition présente plusieurs avantages. Tout d'abord, elle tient compte des bilingues mais aussi des plurilingues, qui se servent de trois langues ou plus (ainsi, je ne préciserai pas toujours «bilingue ou plurilingue»). Ensuite, elle inclut les dialectes, ce qui correspond à une réalité courante, dans des pays comme la Suisse (dans ses parties alémanique et italienne), l'Italie, et tant d'autres. Sont bilingues ceux qui se servent régulièrement d'une langue et d'un dialecte autant que ceux qui utilisent deux langues différentes. Enfin, la connaissance linguistique n'est pas totalement exclue de cette définition. Si une personne se sert régulièrement de deux ou de plusieurs langues, elle doit forcément avoir un certain niveau de compétence dans les langues concernées. L'inverse n'est pas toujours vrai : on peut connaître une langue sans la pratiquer. Nous reviendrons sur ces deux facteurs, connaissance linguistique et utilisation des langues, au deuxième chapitre, pour montrer comment ils peuvent cohabiter harmonieusement chez les bilingues.

Dans les pays de la francophonie

On pourrait croire qu'il suffit de consulter les statistiques des langues d'un pays pour trouver le nombre de bilingues ou plurilingues qui s'y trouvent. Il n'en est rien. Certains pays ne font pas de recensements, d'autres ne posent pas de questions sur les langues utilisées. C'est le cas de la France, par exemple, et de la Belgique, depuis plusieurs décennies, pour des raisons politiques. Autre problème : seuls les locuteurs de certaines langues (officielles ou écrites, par exemple) peuvent être recensés ; et dans certains pays, les langues et les dialectes sont comptabilisés ensemble. Notons aussi que rares sont les recensements qui posent des questions à la fois sur les connaissances linguistiques des habitants et sur la fréquence d'utilisation de leurs langues. Enfin, on ne recense souvent que la « langue maternelle », excluant ainsi d'autres langues connues ou parlées. En somme, les résultats portant sur le bilinguisme des habitants d'un pays, quand ils existent, se fondent sur des procédures différentes et sont donc difficilement comparables.

Sachant qu'il existe environ 7 100 langues dans le monde[9] et 197 pays (193 membres de l'ONU, 4 États ayant un statut spécial), il est facile de comprendre que les nations hébergent plusieurs langues à l'intérieur de leurs frontières. Or qui dit multitude de langues sur un même territoire dit contact des langues et, par conséquent, bi- ou plurilinguisme. Certes, des langues sont plus importantes numériquement (l'anglais, le chinois, l'hindi, l'espagnol, le français, etc.), d'autres sont parlées dans plusieurs nations (comme l'espagnol dans les pays d'Amérique du Sud), mais cela n'enlève rien au fait que de nombreux pays du monde hébergent un grand nombre de langues. Pour nous en tenir aux pays où le français joue un rôle important (politique, éducationnel, culturel, etc.), citons le Cameroun et ses 280 langues, la république démocratique du Congo (Congo-Kinshasa) et ses 212 langues, le Tchad et ses 130 langues[10]... À ces chiffres, il faut souvent ajouter les langues des migrants qui, plus récentes, n'ont pas de statut officiel, et sont rarement comptabilisées.

Le nombre de locuteurs de langues différentes dans un pays donne une certaine idée de celui des bi- ou plurilingues* qui y habitent. Ainsi, Fabienne Leconte décrit la situation en Afrique subsaharienne, où un individu est souvent conduit à apprendre cinq à six langues, voire plus, au cours de son existence : « Un enfant apprendra en premier lieu la langue de son père, qui deviendra sa langue ethnique, et celle de sa mère, si elle est différente de la précédente, puis les langues des coépouses éventuelles et des groupes voisins et alliés. Si les langues précédentes sont de simples vernaculaires, il apprendra aussi, par la suite, une ou plusieurs langue(s) véhiculaire(s) du pays ou de la région. Enfin, s'il est scolarisé, il apprendra la langue européenne, médium d'enseignement[11]. »

Plus précisément, existe-t-il des statistiques sur l'état du bilinguisme dans les pays de la francophonie ? L'Observatoire de la langue française a publié en 2010 le pourcentage de la population âgée de 10 ans et plus qui lit et écrit le français[12]. Les habitants étant rarement monolingues en français, cela reflète déjà un bilinguisme avec leur langue première. En Afrique, les résultats les plus marquants proviennent du Congo (78 %), du Gabon (73 %),

---

* « Plurilingue » est souvent employé comme synonyme de « multilingue », censé désigner la présence de plusieurs langues ou dialectes dans une même aire linguistique, alors que les habitants eux-mêmes ne sont pas obligatoirement bilingues ou plurilingues.

de la république démocratique du Congo (68 %), et de la Tunisie (64 %). Dans les pays avec le français pour langue officielle, il est rare que le pourcentage descende au-dessous de 30 %. Si l'on ajoute les autres langues connues et utilisées, le plurilinguisme est clairement la règle en Afrique, bien qu'il nous manque des statistiques directes.

Sur un autre continent, le Canada possède une longue tradition de recensements linguistiques complets. Grâce à ses sept questions portant sur la langue maternelle, la connaissance des langues, et les langues parlées à la maison et au travail, il présente des données exceptionnelles sur l'état du bilinguisme de ses habitants. Lors du recensement de 2011, 36 % de la population canadienne déclaraient connaître suffisamment deux ou plusieurs langues pour soutenir une conversation, que ce soit l'anglais et le français, les langues officielles (17,5 % des personnes), ou d'autres langues (de la migration, autochtones, etc.)[13]. Ce chiffre, basé sur la connaissance des langues, exprime la proportion de bilingues potentiels, car tous ne se servent pas forcément de leurs langues. Afin d'avoir une idée de la proportion de bilingues actifs, il faut examiner les résultats des questions sur les langues parlées à la maison et au travail. Environ 26 % de la population déclarent se servir d'au moins deux langues dans ces environnements. La différence, en pourcentage (10 %), entre connaître deux ou plusieurs langues et s'en servir régulièrement révèle un aspect important sur lequel nous reviendrons : on peut très bien connaître une ou plusieurs langues sans s'en servir réellement. Le cas des polyglottes qui possèdent un nombre extraordinaire de langues en est un cas extrême : par exemple, on dit que le cardinal Giuseppe Mezzofanti (1774-1849) connaissait une soixantaine de langues, mais nous savons qu'il ne les utilisait pas toutes.

Autre pays de la francophonie à recenser à la fois les langues connues et les langues parlées : la Suisse. Pour donner le taux de bilingues dans le pays, l'Office fédéral de la statistique a pris l'habitude de présenter le pourcentage obtenu pour la première question linguistique du recensement : « Quelle est votre langue principale, c'est-à-dire la langue dans laquelle vous pensez et que vous savez le mieux ? Si vous pensez dans plusieurs langues et les maîtrisez bien, indiquez ces langues. » Avec une question aussi restrictive que celle-ci, basée sur la connaissance équivalente des langues, et en offrant des cases réponses qui regroupent langues et dialectes (par exemple, l'allemand et le suisse allemand correspondent à une seule case), il n'est pas surprenant que le pourcentage de bilingues obtenu soit très bas : 15,8 % en 2010. D'où une interrogation légitime : la Suisse, connue dans le monde entier pour son multilinguisme, est-elle en fait composée à une très large majorité de monolingues ? Les résultats des deux autres questions du recensement, qui portent sur les langues parlées à la maison ou avec les proches, et au travail ou dans le lieu de formation, peuvent nous donner une réponse. Lorsqu'elles ont été prises en compte dans un calcul en 2013, et que l'on a séparé langues et dialectes, on a abouti à un pourcentage plus raisonnable : en Suisse, 41,9 % des habitants se servent régulièrement de deux ou de plusieurs langues ou dialectes dans la vie de tous les jours. La combinaison de deux idiomes ayant le nombre le plus élevé de locuteurs concerne, comme on pouvait s'y attendre, l'allemand et le suisse allemand; quant au bilinguisme suisse allemand-français, il se trouve en troisième position des combinaisons de langues. Notons que 26,1 % de la population utilisent deux langues régulièrement en Suisse (ils sont donc bilingues et non plurilingues) alors que les trilingues représentent 10,4 % de la population.

Évoquons rapidement deux autres pays européens où le français partage le statut de langue officielle avec d'autres langues : la Belgique et le Luxembourg. Comme la Belgique ne recense plus les langues utilisées sur son territoire depuis 1947, nous devons avoir recours à une enquête commandée par la Commission européenne en 2012[14]. Au total, 26 751 personnes dans 27 pays européens différents ont été interrogées à leur domicile. On peut avoir une idée du taux de bilinguisme dans les deux pays en examinant les réponses à la question suivante : «Quelles autres langues à part votre langue maternelle, s'il y en a, parlez-vous suffisamment bien pour participer à une conversation?» Parmi les Belges, 72 % mentionnent au moins une autre langue, 50 % au moins deux autres langues, et 27 % au moins trois autres langues. Ces pourcentages, déjà très élevés, sont dépassés largement par les Luxembourgeois dont le plurilinguisme est bien connu : au moins une autre langue 98 %; au moins deux 84 %; au moins trois 61 %. Quant à la fréquence d'utilisation de ces autres langues, la question suivante permettait d'obtenir une réponse : «À quelle fréquence utilisez-vous votre (langue en question)?» La réponse «tous les jours/presque tous les jours» obtenait une moyenne de 29 % de réponses en Belgique et 67 % au Luxembourg, «souvent mais pas tous les jours», 27 % en Belgique et 17 % au Luxembourg; «occasionnellement», 44 % en Belgique et 16 % au Luxembourg. Le fort taux de plurilinguisme au Luxembourg se confirme : non seulement les habitants connaissent bien d'autres langues mais ils s'en servent souvent, ce qui est un peu moins le cas en Belgique.

En voyageant ainsi à travers quelques pays dans le monde où le français est une langue officielle ou importante, on constate l'étendue du bilinguisme et combien le recensement des personnes bilingues est variable. Qu'en est-il en France?

En France

En juin 2013, j'ai écrit à Institut national de la statistique et des études économiques pour demander quelques renseignements sur l'état du bilinguisme en France, tels que le pourcentage de personnes qui se servent régulièrement d'une, de deux, de trois, de *n* langues, les combinaisons de langues les plus courantes et comment l'Insee définit le bilinguisme. La réponse du bureau d'information «Insee contact» fut courte et décourageante : «L'information demandée n'entre pas dans le cadre de l'offre diffusée par l'Insee»!

Si, dans le recensement de la population, l'Insee ne pose pas de questions concernant les langues, il est faux qu'il ne s'intéresse pas au bilinguisme des habitants du pays. En fait, depuis quinze ans, une série d'enquêtes souvent menées en collaboration avec l'Institut national d'études démographiques donne un aperçu de l'état du bilinguisme en France. Par exemple, une grande enquête, «Étude de l'histoire familiale[15]», menée en 1999 en même temps que le recensement, comportait un volet consacré à la transmission familiale des langues et des parlers. Trois questions étaient posées, auxquelles ont répondu 380 000 adultes : les deux premières concernaient les langues parlées lorsque le répondant avait 5 ans, et lorsque les enfants de celui-ci avaient 5 ans (nous y reviendrons plus loin), alors que la troisième portait sur la situation en 1999 : «Et actuellement, vous arrive-t-il de discuter avec vos proches (conjoints, parents, amis, collègues, commerçants…) dans une autre langue que le français? Si oui, laquelle ou lesquelles?»

Le dépouillement des réponses a permis tout d'abord d'identifier 400 langues en France, un chiffre qu'il est important de souligner car, dans les documents officiels sur les langues de France (voir ci-dessous), le nombre est réduit à environ 75 langues. Cela vient du fait qu'il ne tient pas compte des langues issues de l'immigration, à quelques exceptions près, alors qu'elles ont leur place dans le paysage linguistique français. La France est donc un pays multilingue au sens sociolinguistique du terme, car elle abrite des locuteurs qui se servent de nombreuses langues, outre le français bien entendu. Qu'en est-il de l'état du bilinguisme en France ? En réponse à la troisième question, 21 % des personnes disent qu'il leur arrive de discuter avec des proches dans d'autres langues que le français : 15 % mentionnent une langue issue de l'immigration ou une langue étrangère (arabe, anglais, espagnol, portugais…), 6 % une langue régionale (alsacien, occitan, corse, breton…).

Si l'on suppose que tous les répondants sont également francophones, un cinquième de la population du pays est donc bilingue voire plurilingue. Dans l'enquête de la Commission européenne de 2012[16], à la question posée pour chaque langue connue en plus de la langue maternelle, « À quelle fréquence utilisez-vous votre (langue en question) ? », 19 % des répondants en France ont donné la réponse « tous les jours/presque tous les jours », un pourcentage fort similaire à celui de l'enquête de l'Insee de 1999. Quelle que soit l'approche, donc, environ 20 % de la population se sert régulièrement de deux langues ou plus. Un autre aspect marquant, toujours à propos du facteur « utilisation », est que le taux de personnes bilingues en France est identique à celui que l'on trouve aux États-Unis (environ 20 %) et très proche de celui du Canada (26 %) et de la Belgique (29 %), mais nettement moins important que celui qui est obtenu dans des pays où les habitants sont connus pour leur bilinguisme ou plurilinguisme, tels que la Suisse (41,9 %) et le Luxembourg (67 %).

L'enquête de 1999 a marqué une étape pour commencer à comprendre à quel point les habitants de la France sont bi- ou plurilingues. D'autres enquêtes ont eu lieu, avec des échantillons moins importants, parfois sur des sujets plus spécifiques. Ainsi l'enquête «Trajectoires et origines[17]» de 2008 a examiné, entre autres, la maîtrise, et non plus l'utilisation, de la langue étrangère des descendants d'immigrés, à savoir les personnes nées en France métropolitaine d'au moins un parent né étranger à l'étranger. Près de la moitié de ceux qui ont deux parents nés dans le même pays étranger déclarent avoir une très bonne maîtrise de la langue principale étrangère apprise dans leurs familles. Si l'on examine la rubrique «parlée, lue, écrite», ce sont les descendants de parents nés en Turquie qui ont le pourcentage le plus élevé (80,7 %), suivi de ceux nés en Espagne (68 %) et au Portugal (59,8 %). Pour l'arabe et le berbère, le deuxième niveau de maîtrise est le plus approprié («bien comprise, facilement parlée»). Pour l'arabe, lorsque le pays des deux parents est l'Algérie, le pourcentage atteint 58,5 %, et lorsqu'il s'agit du Maroc, 60,6 %. Quant au berbère (le pays des parents étant l'Algérie), il est de 52,8 %.

Seuls les adultes en métropole ont répondu aux trois questions de la grande enquête de 1999. D'autres enquêtes en France d'outre-mer ont permis de mieux cerner l'étendue du bilinguisme hors métropole. Ainsi, nous savons que le bilinguisme est pratiqué par 57 % des habitants de Mayotte[18] et 41,3 % de ceux de Nouvelle-Calédonie[19] (qui compte 28 langues locales), alors que 38 % des Réunionnais sont bilingues en français et en créole[20].

Les taux de bilinguisme en France métropolitaine – plutôt bas – et en France d'outre-mer – clairement plus élevé – ne sont pas surprenants, étant donné que la

politique officielle a été pendant longtemps un monolinguisme d'État malgré la présence de nombreuses langues.
Mais le bilinguisme a survécu, comme le note Henriette
Walter : « Cette survivance pour le moins étonnante a pu
se maintenir malgré une politique unificatrice intensifiée
depuis la Révolution, et en dépit des effets destructeurs
occasionnés à la fois par l'école obligatoire, les deux guerres
mondiales et le rôle de rouleau compresseur de la radio et
de la télévision[21]. » La politique monolingue de la France,
qui a duré de nombreuses décennies, a eu un impact surtout sur les langues régionales. Henriette Walter rappelle
qu'au début du XXe siècle, juste avant la Première Guerre
mondiale, tous les Français, ou presque, étaient bilingues ;
ils parlaient français et une langue régionale. Mais, après
quatre ans de guerre, les hommes, qui se sont retrouvés
non plus dans des régiments régionaux, comme au début
de la guerre, mais dans des régiments de plusieurs régions,
avaient pris l'habitude de parler français entre eux et ont
continué à le faire en rentrant à leur domicile à la fin de la
guerre.

Les réponses aux deux premières questions de l'enquête
de 1999 dévoilent le déclin des langues, surtout régionales,
pendant le XXe siècle, et donc du bilinguisme. Selon François Clanché, avant 1930, une personne sur quatre parlait
une langue régionale avec ses parents[22]. Cette proportion
est passée à une personne sur dix dans les années 1950,
puis une sur vingt dans les années 1970. Aux décennies suivantes (1980 et 1990), 3 % seulement des adultes interro-
gés ayant des enfants nés durant cette période disent leur

avoir parlé une langue régionale. Les facteurs d'explication sont nombreux : exode rural, urbanisation, médias uniquement francophones, familles où une seule personne connaît la langue régionale, écoles monolingues où l'on punissait les enfants s'ils se servaient d'une autre langue, représentations négatives des «patois» parmi la classe dirigeante, etc. Henriette Walter, quant à elle, met l'accent sur le fait que les parents ont souvent renoncé à parler leur langue régionale avec leurs enfants par crainte qu'elle empêche une bonne maîtrise du français[23]. Cela est fort malheureux car être bilingue n'empêche en rien une bonne maîtrise de la langue nationale, comme nous le verrons plus loin.

Grâce à une prise de conscience et à une action des collectivités territoriales (soutien de programmes bilingues, promotion par divers moyens des langues et des cultures régionales, aide aux associations, etc.), une relève se dessine aujourd'hui en faveur des langues régionales en France métropolitaine et d'outre-mer. De plus, la Constitution stipule depuis 2008 dans son article 75-1 que les langues régionales (le basque, le corse, l'alsacien, les créoles, etc.) appartiennent désormais au patrimoine de la France. La Délégation générale à la langue française et aux langues de France (DGLFLF), rattachée au ministère de la Culture et de la Communication, a pour mission, outre la promotion et l'emploi du français, de favoriser la diversité linguistique et de promouvoir les langues de France : «Aux côtés du français, les langues régionales ou minoritaires façonnent notre identité culturelle et constituent un patrimoine immatériel vivant et créatif. Elles sont partie prenante d'une politique en faveur de la diversité culturelle et linguistique[24]. » Il sera intéressant de voir si, dans les années qui viennent, un des paradoxes des langues régionales, exprimé par Jean-Marie Arrighi pour le corse, pourra être résolu : « L'évolution actuelle est paradoxale : d'une part, l'usage de la langue corse diminue dans la vie quotidienne ; d'autre part, le corse s'introduit dans des domaines dont il avait toujours été exclu – notamment l'école – et fait l'objet d'une politique volontariste[25]. » En effet, la transmission traditionnelle des langues régionales par la famille et le milieu ne se fait presque plus, alors que certaines écoles, les médias et le monde artistique ont pris la relève.

Les langues régionales ainsi que les langues minoritaires dites « non territoriales » (l'arabe dialectal, l'arménien occidental, le berbère, le judéo-espagnol, le romani et le yiddish) font partie des « langues de France » (un peu plus de 75 en totalité, en comptant la langue des signes française) et sont assurées d'un certain appui, à des degrés divers, de la part de la DGLFLF. Le problème, bien entendu, est que les autres langues dites « étrangères » ne reçoivent pas le même appui, ni régional ni national. Le DGLFLF maintient qu'elles ne sont pas menacées, ce qui est vrai dans leur pays d'origine, mais elles le sont clairement parmi les habitants de France qui les utilisent. Le passage d'un monolinguisme dans ces langues à un bilinguisme avec le français puis à un monolinguisme français est extrêmement rapide (il se fait parfois sur une seule génération) et devrait être contré si l'on souhaite maintenir une France multilingue au niveau sociétal. La hiérarchisation des langues au niveau institutionnel

– français, langues régionales, langues minoritaires, langues étrangères – a un impact sur les représentations que s'en font les individus et stigmatise les locuteurs des langues les moins « nobles ». Notons que l'anglais fait exception et se place juste après le français car, langue internationale d'une grande utilité, elle est prisée à la fois par les parents et le système scolaire.

Les bilingues, locuteurs du français et d'une ou deux des langues *en* France (elles sont au minimum 400), et non seulement des langues *de* France, souhaiteraient que toutes les langues, quel que soit leur statut institutionnel, soient reconnues d'une certaine manière et encouragées. Nous en sommes encore loin, malheureusement. Alors que dans certains autres pays, également monolingues au niveau politique, on accepte l'expression du bilinguisme individuel dans la sphère publique (le président Barack Obama n'a-t-il pas parlé indonésien lors d'un voyage en Indonésie ?), cela ne va pas de soi en France. Pourtant, les langues que l'on trouve sur son territoire, d'une variété enrichissante, constituent un patrimoine national et une ressource précieuse dans un monde globalisé. La France défend officiellement le bilinguisme à l'extérieur, particulièrement dans les pays de la francophonie, et elle pourrait le faire tout aussi bien à l'intérieur de ses frontières sans mettre en péril la cohésion nationale. Certes, les choses évoluent et on peut même imaginer qu'un jour, un ministre ou un autre personnage d'État issu d'une minorité linguistique voudra bien émettre, en public, quelques mots de son autre langue (comme l'a fait Barack Obama), et ainsi faire valoir sa diversité linguistique et culturelle, sans que cela soit pris comme un reniement de son identité française. Un grand pas serait alors accompli dans la reconnaissance et l'acceptation de la diversité linguistique en France et de la présence d'un bilinguisme actif et positif.

2.

Les caractéristiques du bilinguisme

Depuis 1985, je défends une vision holistique du bilinguisme qui stipule que la coexistence et l'interaction de deux ou plusieurs langues chez le bilingue ont créé un ensemble linguistique qui n'est pas décomposable[1]. Un bilingue n'est pas deux ou plusieurs monolingues en une seule personne, mais un être de communication à part entière. Lorsque son bilinguisme est stable, après d'éventuelles périodes d'apprentissage ou de restructuration des langues, le bilingue présente la même compétence communicative que le monolingue, et communique aussi bien que ce dernier avec le monde environnant, mais de manière différente.

Afin de converser avec les personnes qui l'entourent, le bilingue se sert d'une langue, de l'autre ou des autres, ou de plusieurs à la fois sous la forme d'un « parler bilingue[2] », à savoir l'utilisation d'une langue de base à laquelle s'ajoutent des éléments d'une autre langue sous forme d'alternances de code et d'emprunts de mots ou d'expressions. Il ressemble, en quelque sorte, au coureur de 110 mètres haies qui combine en partie les compétences du sauteur en hauteur et du

33

sprinter, mais qui le fait de telle manière qu'elles deviennent un tout indissociable, formant ainsi une compétence à part entière. Il ne viendrait jamais à l'esprit de l'amateur d'athlétisme de comparer le coureur de 110 mètres haies au seul sauteur en hauteur ou au seul sprinter. Et pourtant, le premier combine en partie les compétences de ces athlètes de manière qu'elles deviennent un tout indissociable, formant ainsi une compétence nouvelle. En somme, le bilingue a sa propre identité linguistique qui doit être analysée et décrite en tant que telle.

L'approche holistique du bilinguisme a été amplifiée par de nombreux chercheurs ces trente dernières années. Christine Deprez avance ainsi que le bilingue est un être communicant global au même titre que le monolingue[3] ; il dispose d'un répertoire de différents parlers qu'il utilise en fonction des circonstances qui président à chacune de ses prises de parole. Quant à Georges Lüdi et Bernard Py, ils soulignent que le bilingue possède une compétence originale qui n'est pas caractérisée par une simple addition de la langue première et de la langue seconde[4]. Magali Kohl et ses coauteurs renchérissent : la coexistence de deux langues et leur constante interaction produisent une entité linguistique différente de celle des monolingues, qui constitue un tout non décomposable[5].

Cette vision holistique sera le fil conducteur de ce chapitre, qui va approcher la personne bilingue aux divers moments de son quotidien, et tout au long de son existence.

La connaissance et l'utilisation des langues

Le premier chapitre a montré comment une définition du bilinguisme fondée sur les connaissances linguistiques des locuteurs bi- ou plurilingues a peu à peu été remplacée par une définition mettant l'accent sur l'utilisation régulière des langues. À première vue, les deux facteurs semblent être en opposition mais cela n'est aucunement le cas. D'ailleurs, comme nous l'avons remarqué, si une personne se sert régulièrement de deux ou de plusieurs langues, elle doit forcément avoir un certain niveau de compétence dans les langues concernées.

Afin de mieux représenter la cohabitation des connaissances linguistiques et de l'utilisation des langues, j'ai développé une grille : sur l'axe horizontal, le facteur « connaissance » va de « faible » à « étendue » ; sur l'axe vertical, le facteur « utilisation » va d'« aucune » à « quotidienne ». Les langues de la personne bilingue sont ensuite placées dans les cases selon leur situation par rapport aux deux facteurs.

Dans la grille du haut, la personne 1 possède et utilise, à des degrés divers, trois langues : le français (La), l'anglais (Lb) et l'allemand (Lc). La langue la mieux connue et la plus utilisée, le français (La), occupe donc la case en haut à droite. L'anglais (Lb), connu presque aussi bien et utilisé de manière fréquente, mais moins que le français, apparaît dans une case légèrement plus basse et plus à gauche. Quant à l'allemand (Lc), langue acquise à l'école, cette personne

Personne 1

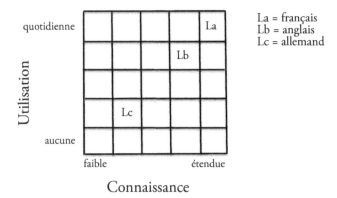

La = français
Lb = anglais
Lc = allemand

Personne 2

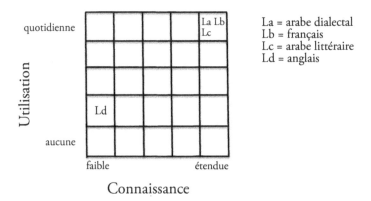

La = arabe dialectal
Lb = français
Lc = arabe littéraire
Ld = anglais

*Figure 1. Représentation visuelle des connaissances linguistiques
et de l'utilisation des langues chez deux personnes.*

en a qu'une assez faible connaissance et ne s'en sert presque pas ; elle a donc été placée en bas et à gauche de la grille. Clairement, cette personne est bilingue en français et en anglais, que ce soit selon le critère « utilisation » ou celui de la « connaissance », et elle connaît un peu l'allemand. De nombreuses personnes lui ressemblent : elles se servent régulièrement de deux langues, sont donc bilingues et, par ailleurs, elles ont quelques connaissances dans d'autres langues.

Dans la grille du bas, la personne 2 est trilingue en arabe dialectal (La), français (Lb) et arabe littéraire (Lc). Non seulement elle connaît les trois langues très bien mais elle s'en sert quotidiennement. Elle possède aussi de faibles connaissances de l'anglais (Ld) qu'elle utilise assez peu souvent.

Cette manière de présenter le bi- ou plurilinguisme d'une personne est très utile car, d'un coup d'œil, on perçoit les langues à la fois bien connues et régulièrement utilisées (en haut à droite de la grille) et on les distingue des langues simplement connues, à des degrés divers, mais qui ne sont pas, ou rarement, utilisées (en bas de la grille), ce qui est souvent le cas des langues des polyglottes. Autre avantage : ce type de grille peut illustrer l'histoire linguistique d'une personne bilingue. Lorsqu'une grille est remplie à chaque période de la vie où il y a eu un changement dans le profil linguistique, il est aisé de voir l'évolution des langues. Cette représentation visuelle permet en outre d'examiner l'état de chacune des quatre compétences linguistiques du bilingue (production orale, compréhension orale, écriture, lecture) en se servant d'une grille pour chaque compétence, soit à un moment donné, soit en montrant l'évolution à travers le temps à l'aide de plusieurs grilles. Notons enfin qu'une personne bilingue peut s'évaluer, ou être évaluée par quelqu'un d'autre, à l'aide d'échelles subjectives ou de résultats de tests objectifs.

L'accent

Lorsqu'on évoque les connaissances linguistiques de la personne bilingue, il n'est pas rare que le premier élément mentionné, alors qu'il y en a tant d'autres (morphologie, syntaxe, sémantique, pragmatique), est la prononciation. Il existe une idée reçue que les bilingues ne devraient pas avoir d'accent dans leurs différentes langues. Or la plupart des bilingues parlent une ou plusieurs de leurs langues avec un accent. Napoléon Bonaparte, par exemple, acquit le français plus tard que sa langue maternelle, le corse, et garda son accent corse, en français, toute sa vie. Marie Curie avait un accent polonais marqué, Samuel Beckett avait gardé son accent irlandais, et Elsa Triolet revendiquait son accent russe.

Il est important de souligner qu'il n'y a aucun lien entre la connaissance que l'on peut avoir d'une langue et l'accent. Certaines personnes, comme divers auteurs francophones d'origine étrangère, possèdent une connaissance exceptionnelle d'une langue mais gardent un accent lorsqu'elles la parlent, alors que d'autres ne connaissent pas très bien une langue, mais l'articulent sans accent pour l'avoir apprise dans leur enfance. Il est donc temps de faire disparaître le critère « accent » de la définition du bilinguisme !

L'accent se manifeste lorsqu'un élément nouveau dans une langue est remplacé par un autre son que la personne connaît déjà : par exemple, le « th » anglais peut être remplacé par « s », « z », « f » ou « v » chez un francophone. Il arrive aussi que deux sons proches dans une langue ne soient pas correctement différenciés : pour « seat » et « sit », en anglais, un francophone pourra utiliser un seul son en se basant sur le « i » du français. Dans le film *Gigi*, Maurice Chevalier prononçait invariablement (certains disent exprès !) « Sank evven for leetle girls » le refrain d'une chanson célèbre en anglais, « Thank heaven for little girls ». L'accent se manifeste également dans la prosodie (accentuation des mots et des phrases) et dans l'intonation.

Il y a bien une période favorable pour apprendre une langue sans accent, mais les chercheurs ne sont pas d'accord sur la limite supérieure. Pour certains, 6 ans serait l'âge limite, mais c'est exagéré ; ce serait plutôt 10 à 12 ans, et même jusqu'à 15 ans. Hormis l'aspect développemental, d'autres facteurs expliquent la présence d'un accent. James Flege et ses collègues[6] mentionnent une perception incorrecte des détails phonétiques de la langue en question, la motivation de l'apprenant qui se soucie moins d'un accent si la communication est bonne par ailleurs, les différences entre individus (par exemple, certains souhaitent montrer leur origine en gardant un accent alors que d'autres font tout pour le perdre), ainsi que la langue entendue par la personne en question : plus le locuteur est en contact avec d'autres locuteurs sans accent, plus sa propre prononciation de la langue prendra cet aspect.

Les bilingues soulignent quelques désavantages d'avoir un accent dans une de leurs langues : se faire remarquer surtout si la langue que l'on parle et le groupe auquel elle appartient ne sont pas acceptés ; donner l'impression que l'on n'a pas fait l'effort d'apprendre la langue majoritaire suffisamment bien ; rencontrer parfois des problèmes de communication avec le locuteur de cette langue ; créer une confusion dans la perception de l'autre si, par exemple, on porte un nom qui laisserait supposer que l'on est natif de la langue majoritaire ; enfin, constater que son accent augmente lorsqu'on est nerveux ou émotif. Mais il y a aussi de nombreux avantages à en avoir un : certains accents étrangers sont perçus positivement, tels l'accent anglais en français ou l'accent français en allemand, ce qui n'a pas échappé au monde du spectacle. L'accent permet aussi de signaler à quel groupe on appartient, afin qu'il n'y ait pas de malentendus ; il protège le locuteur car il signale à l'interlocuteur qu'il ne doit pas s'attendre à ce que le premier connaisse la langue comme un natif (même si c'est parfois le cas). Enfin, pour certains, un accent intrigue et soulève la curiosité concernant la personne qui le manifeste. Nancy Huston, l'écrivaine bilingue bien connue, explique ainsi : « Là où d'autres ont un préjugé négatif, j'ai pour ma part un préjugé positif à l'égard des individus à accent : déceler des intonations étrangères dans la voix de quelqu'un éveille en moi, de façon instantanée, l'intérêt et la sympathie. Même si je n'entre pas en contact direct avec la personne en question [...], dès que j'entends une voix à accent je tends l'oreille, j'étudie la personne à la dérobée en essayant de me représenter l'autre version de son existence, le versant lointain[7]. »

Dans certains pays qui reconnaissent officiellement plusieurs langues nationales, comme la Suisse ou le Canada, il est normal d'entendre des personnes d'une autre région linguistique, notamment des personnages politiques à la radio ou à la télévision, parler dans une langue nationale acquise tardivement avec un accent. Cela va de soi et ne surprend plus personne. D'ailleurs, on fait vite abstraction de cette caractéristique pour se concentrer sur le message qu'émet le locuteur. Puisse cela arriver un jour dans des pays officiellement monolingues, tels que la France, qui contiennent néanmoins de nombreux bilingues. Posséder un accent, qu'il soit régional ou étranger, ne devrait refléter en rien le degré d'appartenance nationale d'un individu.

Le principe de complémentarité

Quel bilingue n'a pas eu du mal à parler d'un sujet qu'il connaît dans une autre langue, à expliquer quelque chose dans la « mauvaise langue », ou à interpréter des phrases dans un domaine qu'il ne connaît que dans une seule langue ? Devant ses hésitations, la personne monolingue est souvent prompte à s'interroger : « Mais je croyais que vous étiez bilingue ? » Or ces situations montrent la force du principe de complémentarité : les bilingues apprennent et utilisent leurs langues dans des situations différentes, avec

des personnes variées, pour des objectifs distincts. Les différentes facettes de la vie requièrent différentes langues[8].

Pour illustrer ce principe, la figure 2 représente par des
quadrilatères plusieurs domaines d'utilisation des langues :
le travail, les études, la famille proche, la famille lointaine, la
maison, les courses, les loisirs, l'administration, les vacances,
les vêtements, le sport, etc. S'y ajoutent différentes activités
langagières telles que compter, calculer, chanter, prier, parler
à soi-même, etc. Dans cet exemple, la personne est trilingue
et ses langues sont représentées par les symboles La, Lb et
Lc. Lorsqu'on comptabilise les langues indiquées dans les

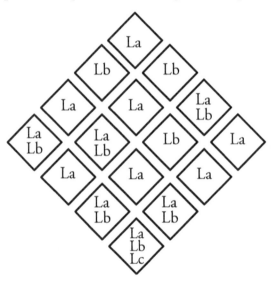

*Figure 2. Représentation visuelle du principe de complémenta-
rité d'une personne trilingue. Les domaines d'utilisation des langues
La, Lb et Lc sont indiqués par les quadrilatères individuels. Un
schéma semblable peut être construit pour toute personne bilingue,
chacun ayant sa configuration propre.*

quadrilatères, on remarque que 7 domaines ou activités sont couverts par La seulement, 3 par Lb, 5 à la fois par La et Lb, et 1 par les trois.

Cette répartition des langues par domaine et activité est bien connue au niveau sociétal où la notion de diglossie existe depuis longtemps, à savoir l'utilisation de deux langues, ou de deux variétés d'une même langue, en distribution complémentaire (comme l'allemand et le suisse allemand en Suisse, l'arabe dialectal et l'arabe standard dans les pays de langue arabe). Chez l'individu bilingue qui n'habite pas dans un environnement diglossique, le compartimentage linguistique est moins net, car il existe des domaines et activités où il est possible de se servir de plusieurs langues, comme on le voit dans l'exemple ci-dessus. Cela dit, il existe un certain nombre de domaines et d'activités réservés strictement à une langue. Les choses apprises par cœur telles que prier, compter ou calculer, ainsi que l'expression de diverses émotions, telle que jurer, sont souvent limitées à une seule langue. Quant aux numéros de téléphone et mots de passe nombreux dont nous avons besoin aujourd'hui, ils sont la plupart du temps mémorisés dans une seule langue et difficilement récupérables dans l'autre.

Le principe de complémentarité a été évoqué de nombreuses fois dans différents ouvrages, à l'aide de témoignages, mais sans qu'on lui donne ce libellé. Tzevtan Todorov rapporte ainsi que l'usage de sa langue maternelle, le bulgare, est maintenant strictement enfermé dans des limites fonctionnelles, telles que quelques mots en fin de conversation avec les rares Bulgares qu'il connaît à Paris, la correspondance avec ses parents, les tables de multiplication et quelques jurons[9]. Le linguiste et sociologue Ahmed Boukous révèle quant à lui qu'il peut lui être impossible de dire en berbère ce qu'il vient de dire en français[10] (il s'agissait en l'occurrence d'une présentation sur le bilinguisme). En revanche, il y a certaines choses de sa vie quotidienne ou affective qu'il est incapable de dire en français. Claude Hagège défend aussi le principe de complémentarité lorsqu'il explique que la connaissance de deux langues ne signifie pas qu'il n'y ait pas une spécialisation fonctionnelle, une langue étant préférée à l'autre dans certains domaines d'expérience[11]. «Pour ce qui me concerne, écrit Nancy Huston, c'est en français que je me sens à l'aise dans une conversation intellectuelle, une interview, un colloque, toute situation linguistique faisant appel aux concepts et aux catégories appris à l'âge adulte. En revanche, si j'ai envie de délirer, me défouler, jurer, chanter, gueuler, me laisser aller au pur plaisir de la parole, c'est en anglais que je le fais[12].»

Bien que le principe de complémentarité mette l'accent sur l'utilisation des langues, il a un impact indirect sur la connaissance linguistique de la personne bilingue, l'autre facteur définitoire du bilinguisme. En effet, si une langue est utilisée dans un nombre restreint de domaines ou activités, forcément avec des interlocuteurs moins nombreux, il y a de fortes chances qu'elle ne soit pas aussi développée que la langue utilisée dans des contextes plus abondants. Outre un vocabulaire plus restreint, les niveaux de style et les connaissances discursives et pragmatiques risquent d'être affectés, tant à l'oral qu'à l'écrit, lorsque la personne sait lire et écrire la langue la moins utilisée.

Plus on étudie le principe de complémentarité, plus on remarque son influence sur la perception et la production de la parole, la mémoire verbale, l'acquisition des langues chez les enfants bilingues (nous y reviendrons au chapitre 3) et la dominance langagière[13]. Prenons un exemple. Deux étudiantes d'orthophonie de l'université de Neuchâtel ont voulu étudier la distribution des langues chez des bilingues afin de montrer l'impact du principe de complémentarité sur la production langagière[14]. Ayant demandé à un groupe de bilingues français-italien en Suisse romande d'indiquer comment ils répartissaient leurs langues dans un certain nombre de domaines et activités, Roxane Jaccard et Vanessa Cividin ont trouvé que plus de la moitié étaient liés plus spécifiquement à une langue. Le travail, les courses, l'administration civile, les transports, etc. faisaient partie des domaines où l'on se servait plus facilement du français, alors que la famille proche et lointaine ainsi que la religion faisaient appel plutôt à l'italien. Quant aux activités, la prise de note, la correspondance, le calcul, entre autres, passaient par le français, chanter, prier ou jurer par l'italien. Les étudiantes ont aussi interrogé plusieurs participants, en français d'une part, et en italien d'autre part, en choisissant des domaines où telle langue était fréquemment utilisée (condition forte) ou rarement utilisée (condition faible). L'analyse des productions orales obtenues a montré qu'en condition forte, que ce soit pour le français ou l'italien, la production était plus aisée et les participants faisaient moins appel à l'autre langue. Par

45

contre, en condition faible, ils peinaient et passaient plus facilement à l'autre langue pour exprimer ce qu'ils voulaient dire. Toute personne bilingue peut facilement s'identifier à ces participants qui peinaient lorsqu'ils devaient parler la « mauvaise langue » pendant l'interview. Notons à ce propos que les traducteurs et interprètes doivent apprendre à maîtriser, et à contrer, le principe de complémentarité, au moins dans certains domaines de spécialisation, afin de pouvoir exprimer dans une langue exactement ce qui a été dit dans l'autre.

Outre son impact sur l'ensemble des aspects psycholinguistiques de la personne bilingue, le principe de complémentarité vient bouleverser la notion de dominance langagière. Jusqu'à maintenant, un bilingue jugé dominant dans une langue avait, selon les experts, soit des connaissances linguistiques plus poussées dans cette langue (critère placé en premier par de nombreux chercheurs), soit il savait écrire et lire une des langues, ou il se servait plus souvent de cette langue par rapport à l'autre, soit une combinaison de ces différents aspects. Mais si on donne au principe de complémentarité l'importance qu'il mérite, les choses se compliquent. Il est vrai que l'on observera presque toujours, comme dans la figure 2, un déséquilibre entre les deux langues, et ce parce que le bilingue se sert de celles-ci pour des domaines ou des activités différentes, et en nombre inégal, comme nous venons de le voir. En effet, en examinant de près la figure 2, on remarque que la personne en question semble être dominante en La, au moins sur le critère utilisation, car cette langue se retrouve seule, ou avec d'autres langues, dans treize domaines et activités, alors que la Lb n'est présente que neuf fois. Mais la Lb est utilisée dans trois domaines exclusivement et nous devons donc nous demander s'il ne faudrait pas proposer, concernant ce facteur uniquement, que la personne est globalement dominante en La mais qu'elle est dominante en Lb dans trois domaines et activités. Cela refléterait bien mieux la notion de dominance chez les personnes bilingues.

Sans une bonne compréhension du principe de complémentarité, à savoir que les différentes facettes de la vie du bilingue requièrent différentes langues, on restera insensible à cet aspect primordial de la personne bilingue. Il faut dire que même ceux qui travaillent sur le bilinguisme, en recherche fondamentale ou en recherche appliquée, peuvent oublier, ou ne pas savoir, combien cette notion est importante. Par exemple, Anne Cutler, Jacques Mehler, David Norris et Juan Segui[15], éminents chercheurs en psycholinguistique, cherchaient un moyen de diviser un groupe de sujets bilingues anglais-français en deux sous-groupes – les dominants en anglais et les dominants en français. Après différentes tentatives, ils ont demandé aux sujets d'indiquer quelle langue ils souhaiteraient garder s'ils devaient tomber gravement malades et qu'une opération du cerveau était la seule manière de sauver leur vie, avec toutefois un effet secondaire, la perte d'une de leurs langues. Or il n'y a qu'à examiner la figure 2 pour constater le dégât qu'aurait sur la configuration linguistique des personnes en question le passage forcé à une seule langue. Certains domaines importants ne seraient plus couverts linguistiquement, d'autres ne le seraient qu'en partie. De plus, il n'est même pas certain qu'en utilisant cette approche, on résolve la question de la dominance langagière d'un bilingue, comme on l'a vu plus haut. Le bilingue n'est pas deux ou plusieurs monolingues en une seule personne, décomposable facilement en parties bien nettes, comme le pensaient ces chercheurs, mais un être de communication à part entière régi, entre autres, par le principe de complémentarité.

Le flux et reflux des langues

Le bilinguisme d'une personne est un processus dynamique influencé par les événements de la vie. La configuration linguistique du bilingue évoluera donc suite à des changements importants tels que l'entrée dans la vie active (nous évoquerons les enfants plus tard), le début de la vie en couple, les déménagements et/ou les migrations, la perte d'un être cher avec qui on parlait une des langues, etc. Pour prendre un exemple, examinons, dans la figure 3, la situation linguistique, dix ans plus tard, des deux personnes présentées dans la figure 1, toutes deux ayant changé de région ou de pays dans l'intervalle. Pour la première, deux nouvelles entrées apparaissent dans la liste des langues, l'espagnol et le suisse allemand. La (français) et Lb (anglais) n'ont pas changé, alors que Lc (allemand), positionné en bas à gauche dix ans plut tôt (cet emplacement original est indiqué entre parenthèses dans la grille), est maintenant une langue utilisée quotidiennement et dont les connaissances linguistiques sont bonnes. La flèche montre le déplacement de Lc dans la grille durant cet intervalle de dix ans. Quant

Personne 1

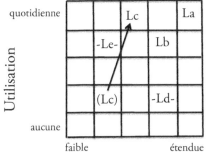

La = français
Lb = anglais
Lc = allemand
Ld = espagnol
Le = suisse allemand

Personne 2

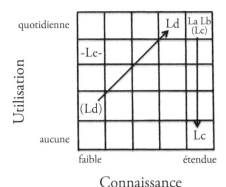

La = arabe dialectal
Lb = français
Lc = arabe littéraire
Ld = anglais
Le = allemand

Figure 3. Représentation visuelle des connaissances linguistiques et de l'utilisation des langues chez deux personnes dix ans après la représentation de la figure 1.

aux deux nouvelles langues, indiquées à l'aide de tirets de part et d'autre de l'abréviation, l'une (Ld) est bien connue mais peu utilisée, tandis que l'autre (Le) est parlée presque tous les jours mais n'est pas encore bien maîtrisée.

Pour la seconde personne, plusieurs changements ont également eu lieu en dix ans. L'arabe littéraire (Lc) n'est plus du tout utilisé et se retrouve en bas et à droite de la grille. L'anglais (Ld) est passé du statut de faible connaissance et peu utilisé à celui de très bonne connaissance et fortement utilisé (d'où la flèche qui traverse la grille en diagonale). Une nouvelle langue est apparue : pour l'instant, l'allemand (Le) est utilisé presque tous les jours mais sa connaissance est encore faible.

Ces deux illustrations montrent bien le flux et reflux des langues possible chez la personne bi- ou plurilingue sur une période de dix ans seulement. Sur l'ensemble d'une vie, les changements peuvent être encore plus prononcés, avec l'acquisition et/ou la mise en sommeil de langues à différents moments de la vie, ainsi que la modification des niveaux des variables « connaissance » et « utilisation » selon les parcours personnels. La chercheuse Linda Galloway[16] donne ainsi l'exemple d'un polyglotte qui a utilisé, à différents moments de sa vie, sept langues différentes. Il acquiert d'abord le hongrois, suivi du polonais à l'âge de 4 ans. À 10 ans, il déménage en Roumanie et apprend le roumain à l'école et avec ses camarades, ainsi que le yiddish. De retour en Hongrie à 12 ans, il apprend l'allemand, l'anglais et l'hébreu. Il fait des études universitaires en Allemagne et l'allemand devient donc sa langue dominante pendant quelques années. Puis il émigre aux États-Unis et l'anglais prend le dessus, mais il continue à parler le hongrois avec sa femme. Plus tard dans la vie, lorsque la chercheuse le rencontre à l'occasion de son aphasie, trois langues sont en sommeil (l'allemand, l'hébreu et le yiddish) et deux langues semblent être oubliées (le roumain et le polonais).

Dans *Bilingual : Life and Reality*[17], je mentionne mon propre parcours, qui passe par moins de langues mais montre comment on peut changer de dominance plusieurs fois dans la vie. Monolingue en français jusqu'à l'âge de 8 ans, j'ai continué ma scolarité en anglais et cette langue est rapidement devenue dominante. À 18 ans, je suis revenu en France et, après quelques années, le français avait à nouveau pris le dessus. Mais, suite à un long séjour de douze ans aux États-Unis, l'anglais est redevenu dominant. Enfin, de retour en Europe, en Suisse romande cette fois-ci, le français a repris ses droits, sauf que ma langue de travail reste plutôt l'anglais. Ce parcours montre bien que la langue première d'un individu n'est pas forcément toujours la langue dominante ; ce rôle peut être assumé par une autre langue si les circonstances l'imposent.

La personne bilingue qui change ainsi de configuration linguistique selon les aléas de la vie passera par des périodes de bilinguisme stables et par des périodes de restructuration. Pendant celles-ci, les domaines d'utilisation de la langue la plus importante, normalement la langue de l'environnement, deviendront plus nombreux, alors que ceux des langues moins centrales se réduiront en nombre. De plus, les connaissances linguistiques de la première (lexique, grammaire, etc.) se développeront car elle sera utilisée quotidiennement. Quant aux compétences dans l'autre ou les autres langues, elles seront forcément affectées, même lorsqu'il s'agit de la langue première et que le bilinguisme est tardif.

Avec mon collègue Bernard Py, de l'université de Neuchâtel, et une de nos étudiantes, Éliane Girard, nous avons exploré la restructuration de la compétence d'une première langue, l'espagnol, dans une situation de contact prolongé avec le français[18]. Nous avons étudié un certain nombre de traits linguistiques chez des migrants espagnols à Neuchâtel en Suisse, vingt ans après leur arrivée. Ces traits avaient tous une variante espagnole, celle apprise dans leur jeunesse, mais également une variante neuchâteloise, acquise au contact du français. Par exemple, l'espagnol traite de la même manière le nom et l'infinitif constituant nominal, ce qui donne : *Decidío llamar al médico*, « Il a décidé d'appeler le médecin ». Sous l'influence du français, les Espagnols devenus francophones ont tendance à mettre *de* devant l'infinitif qui n'est pas en position initiale s'il n'y a pas déjà une autre préposition : *Decidío de llamar al médico*. Un autre exemple concerne la mise en relief. Les règles en espagnol d'Espagne sont plus complexes qu'en français, alors qu'au contact du français il y a tendance à la simplification. Ainsi, *Es mañana cuando llega mi hermano*, « C'est le matin que mon frère vient », est souvent dit *Es mañana que llega mi hermano*.

Afin de savoir si les variantes neuchâteloises étaient à la fois attestées et acceptées, nous avons demandé à quinze

Espagnols, arrivés à l'âge adulte vingt ans plus tôt, sans connaissance du français à l'époque, et devenus bilingues par la suite, de donner un indice d'attestation et d'acceptabilité à différents exemples de traits linguistiques tels que ceux-ci, de 1, « jamais utilisé », à 7, « toujours utilisé », et de 1, « inacceptable », à 7, « tout à fait acceptable ». Quinze personnes en Espagne, ayant la même moyenne d'âge, et ne connaissant pas du tout le français, ont servi de contrôles. Nous avons trouvé que les variantes neuchâteloises étaient attestées et acceptées, à des degrés divers, et que les participants les distinguaient bien des variantes espagnoles. Il existerait ainsi un continuum d'intégration des variantes neuchâteloises dans la compétence des locuteurs : du peu intégré au bien intégré. Cela dit, à l'exception d'une seule, les variantes neuchâteloises étaient toujours perçues comme moins fréquentes et moins acceptables que les variantes espagnoles. En somme, pour certains traits linguistiques, ces bilingues avaient maintenant deux variantes en espagnol, au lieu d'une seule auparavant, et ce à cause du contact quotidien avec le français.

J'ai fait part de ces résultats au linguiste américain Noam Chomsky pour lui demander son interprétation, étant donné qu'il a longtemps maintenu que la compétence linguistique d'une première langue de locuteurs adultes ne pouvait plus être modifiée. Selon lui, les résultats obtenus pour les variantes neuchâteloises étaient liés à un style cognitif plus ouvert chez ces bilingues. En effet, lorsque l'on déménage dans un nouvel environnement linguistique, ce qui est accepté au niveau grammatical devient plus vaste

53

car on est confronté à de nombreuses manières de dire les choses. Cette ouverture cognitive serait à la base des jugements de grammaticalité et ne refléterait pas la connaissance que l'on possède d'une langue.

Cela nous a incités à poursuivre notre recherche en nous demandant à quel point les variantes neuchâteloises sont acceptées par les enfants bilingues, maintenant adultes, des migrants espagnols. Tous avaient été scolarisés en français à Neuchâtel mais avaient aussi suivi l'école consulaire afin de perfectionner leur espagnol. Leur compétence dans cette langue ressemblait-elle à celle de leurs parents ou plutôt, à cause des cours d'espagnol formels et de fréquents voyages en Espagne, à celle de locuteurs monolingues espagnols? En fait, leurs résultats étaient quasiment identiques à ceux de leurs parents obtenus quinze ans plus tôt. De plus, nous leur avons demandé de traduire oralement certaines phrases du français en espagnol pour voir si les mêmes variantes espagnoles ressortaient. Ce fut le cas et, comme il n'est plus question de style cognitif dans une tâche d'interprétation, cela confirmait qu'une première langue peut bel et bien se restructurer au contact d'une autre, et ce même chez des personnes qui ont grandi dans une seule langue avant d'entrer en contact avec une deuxième.

Les Espagnols de Neuchâtel sont activement bilingues en espagnol et en français mais il arrive, comme dans l'exemple donné par Linda Galloway, qu'une langue ne soit plus du tout utilisée. Elle est alors mise en sommeil et peut entrer dans une phase d'attrition, de perte progressive, la perte totale étant contestée par certains, qui maintiennent qu'elle n'est que désactivée ou inhibée. L'attrition d'une langue est tout aussi fréquente que l'acquisition mais elle est beaucoup moins étudiée. Les faits marquants sont que les domaines d'utilisation se réduisent beaucoup jusqu'à ce qu'il n'y en ait plus. De plus, lorsque l'on parle la langue, la production devient hésitante, avec une recherche de mots et d'expressions. L'autre langue intervient plus souvent sous forme d'interférences et parfois même de parler bilingue (emprunts et alternances de code). Même la prononciation de la langue est affectée par la langue la plus forte. La compréhension orale est également touchée mais moins que la production orale ; par contre, les nouveaux termes et les expressions « à la mode » sont difficilement compréhensibles. Si la personne sait écrire la langue, elle le fait avec de plus en plus de mal et évite, quand c'est possible, de s'en servir dans cette modalité. Peu à peu, l'incertitude de la personne vis-à-vis de cette langue devient telle qu'elle restreint les occasions de l'utiliser, coupe court aux conversations où cette langue est impliquée, ou change de langue, et s'excuse souvent en ajoutant parfois qu'elle se sent coupable ou triste d'avoir perdu, ou d'être en train de perdre, cet idiome. Le sentiment de culpabilité peut être encore plus fort si la personne est originaire d'un pays ou d'une région où la langue est majoritaire et si son nom de famille reflète cette origine. En somme, oublier une langue est tout aussi naturel qu'apprendre une langue, mais le sentiment que cela provoque n'est pas du tout semblable, ni chez la personne en question, ni chez ceux qui l'entourent.

Pour terminer, revenons à l'optique holistique que nous avons adoptée, à savoir que le bilingue est un être communicant à part entière qui se sert de ses deux, ou plusieurs, langues – séparément ou ensemble – pour s'exprimer. En ce qui concerne le flux et reflux des langues, tout en gardant une même compétence communicative, la personne bilingue pourra évoluer avec le temps tout au long du continuum monolinguisme-bilinguisme, selon ses besoins linguistiques. Des situations nouvelles pourront exiger un développement de certaines compétences linguistiques dans une de ses langues ; d'autres feront que ces compétences n'auront plus lieu d'être, et se résorberont ; d'autres encore aboutiront à ce que le bilingue fera de plus en plus appel au parler bilingue dans la vie de tous les jours. Une analyse globale de la compétence langagière du bilingue permet de montrer comment l'être communicant peut naviguer à l'intérieur du bilinguisme, ou entre bilinguisme et monolinguisme, tout en préservant la même compétence communicative de base. Les changements de milieu, de besoins, de situations feront que cette personne aura de temps en temps à restructurer sa compétence langagière ; ces facteurs n'auront, par contre, aucun effet sur sa compétence communicative à long terme ; celle-ci restera la même aussitôt qu'un état linguistique stable sera à nouveau atteint.

Les modes langagiers

Toute personne bilingue se rend compte qu'elle change sa manière de parler selon qu'elle est avec une personne monolingue ou une personne bilingue qui partage les mêmes langues qu'elle. Alors qu'elle doit éviter de faire appel à son ou ses autres langues avec la première, elle peut le faire avec la seconde si l'occasion s'y prête. À tout moment, et en se fondant sur des facteurs psychosociaux et linguistiques, le bilingue se demande, de manière subconsciente la plupart du temps, quelle langue utiliser pour l'échange, et s'il est possible de se servir de l'autre ou d'une autre langue que comprend l'interlocuteur sous forme de « parler bilingue », c'est-à-dire en utilisant une langue de base à laquelle s'ajoutent des éléments d'une autre langue par alternances de code et d'emprunts de mots ou d'expressions. Si l'autre langue n'est pas nécessaire ou n'est pas appropriée, il ne fera pas appel à elle – en termes psycholinguistiques, elle ne sera pas activée. Par contre, si elle peut être utile, il aura recours à elle, mais le niveau d'activation de la langue sera plus bas que celui de la langue de l'échange.

Dans ses activités quotidiennes, la personne bilingue navigue donc entre différents modes langagiers appartenant tous au même continuum[19]. À l'une des extrémités de celui-ci, elle est dans un mode monolingue : devant des mono-lingues qui ne connaissent pas son ou ses autres langues, ou des personnes qui ne partagent qu'une langue avec elle, elle se trouve dans l'obligation de n'utiliser qu'une seule langue avec l'interlocuteur. À l'autre bout du continuum, elle communique avec d'autres bilingues qui parlent les mêmes langues qu'elle et qui acceptent le mélange de langues (le parler bilingue). Entre ces deux extrêmes se trouvent une série de modes intermédiaires. Imaginons un échange à deux langues. L'une, le français par exemple, est celle utilisée par les interlocuteurs : c'est la langue de base, pleinement activée car l'échange a lieu dans celle-ci. L'autre, l'anglais, selon la position du locuteur sur le continuum, sera inactive (mode monolingue), partiellement active (mode intermédiaire) ou active (mode bilingue).

La position le long du continuum dépendra d'une série de facteurs liés aux interlocuteurs, leurs connaissances des mêmes langues, leur attitude face au parler bilingue, le contexte dans lequel a lieu l'échange, le contenu de celui-ci, le but de l'échange, etc. Le mode langagier sera monolingue quand l'interlocuteur sera lui-même monolingue ou si d'autres facteurs nécessitent une seule langue. C'est le cas, par exemple, quand un bilingue parle à un membre de sa famille monolingue ou à un ami qui ne partage qu'une seule de ses langues, ou quand il lit un livre écrit dans cette langue ou regarde une émission de télévision dans une autre langue. Par contre, le mode langagier sera bilingue lorsque les interlocuteurs sont tous deux bilingues et qu'ils acceptent qu'on fasse appel à une autre langue sous forme de parler bilingue. Quant au mode intermédiaire, il peut surgir si l'un des deux interlocuteurs ne connaît pas très bien l'autre langue, s'il préfère ne pas utiliser telle langue pendant l'échange, ou si la communication doit avoir lieu dans une langue mais qu'il n'est pas possible de tout dire dans celle-ci car le vocabulaire technique n'est accessible que dans l'autre langue.

Une courte description d'une petite étude expérimentale conduite avec des participants francophones aux États-Unis permettra de mieux comprendre le fonctionnement des modes langagiers[20]. Nous désirions montrer le mouvement qui peut se faire le long du continuum mode monolingue-mode bilingue ainsi que l'importance de deux facteurs, parmi d'autres, dans ce mouvement : le sujet dont on parle et la personne à qui on parle (l'interlocuteur). Nous avons demandé à un certain nombre de bilingues français-anglais habitant Boston de résumer de petites histoires qu'ils allaient entendre et de décrire des dessins à des personnes qui n'étaient pas présentes. Nous leur avons expliqué que le but de l'étude était le taux d'information maintenu dans ce type de communication, qui ressemble à une chaîne téléphonique. Pour étudier le premier facteur, le sujet des histoires et des dessins, la moitié concernait des situations typiquement françaises et était en français uniquement, alors que l'autre décrivait ou avait trait à des scènes typiquement américaines comme Thanksgiving, et contenait des alternances de code (mots et expressions de langue anglaise). Nous avons décrit aux participants qui allaient écouter les enregistrements leurs trois interlocuteurs. F venait d'arriver aux États-Unis pour une recherche postdoctorale ; il connaissait assez bien l'anglais au niveau écrit mais avait des difficultés à le parler. Ba, aux États-Unis depuis sept ans, s'occupait de l'enseignement du français et de l'organisation d'événements culturels pour un organisme français ; ses enfants étaient à l'école bilingue et il ne parlait que le français à la maison, bien qu'il soit bilingue dans les deux langues. Bb, à Boston depuis sept ans également, travaillait pour une firme américaine locale, avait des amis français et américains, et utilisait les deux langues à la maison ; ses enfants allaient à l'école locale.

Un questionnaire distribué après l'expérience a montré

que les participants bilingues percevaient ces trois interlocuteurs différemment. F était vu comme ne connaissant pas bien l'anglais et ne faisant donc pas, ou peu, d'alternances de code. Ba possédait une bonne compétence de l'anglais mais était considéré comme légèrement puriste et donc ne se servait que peu de cette langue dans le mode langagier bilingue. Quant à Bb, lui aussi connaissait bien l'anglais, mais il avait une attitude favorable envers le parler bilingue qu'il pratiquait régulièrement. Les résultats obtenus ont montré l'importance des deux facteurs manipulés. Concernant le sujet des histoires et des dessins, les productions des bilingues contenaient dix fois plus d'anglais lorsqu'il s'agissait de situations américaines. En effet, il est difficile de trouver des termes spécifiquement français pour des scènes ayant trait à Halloween, par exemple. Pour ce qui est des interlocuteurs, les productions adressées à F contenaient le plus grand nombre de syllabes françaises et d'hésitations, et le moins grand nombre de syllabes anglaises (alternances de code). Quant à celles adressées à Bb, l'homme d'affaires bilingue, l'opposé était vrai : les productions qui lui étaient adressées étaient marquées par une proportion moins grande de syllabes françaises et d'hésitations et une proportion plus grande de syllabes anglaises. Enfin, pour Ba, les résultats obtenus lorsque les participants lui parlaient étaient intermédiaires entre ceux de F et de Bb ; il y avait des alternances de code, par exemple, mais elles étaient moins nombreuses qu'avec Bb.

Cette petite étude montre bien la réalité psycholinguistique des modes langagiers, et l'importance des deux facteurs testés. Un thème qui touche à une réalité étrangère sera plus facilement décrit en faisant appel à des mots de l'autre langue, si les intervenants connaissent les deux langues, bien sûr. Les personnes à qui l'on s'adresse jouent aussi un rôle important. Les participants bilingues n'ont pas jugé que F connaissait suffisamment l'anglais pour faire des alternances de code avec lui. Ils ont donc dû se résoudre à décrire les scènes et à résumer les histoires uniquement en français, mais cela a entraîné plus de périphrases, d'où le nombre élevé de syllabes françaises, et un plus grand nombre d'hésitations, car ils devaient parfois décrire des situations qui étaient difficilement exprimables en français. Par contre, avec l'interlocuteur Bb, rien ne les empêchait de faire appel à l'anglais quand ils le désiraient. Quant à Ba, les participants savaient très bien qu'il comprendrait les alternances en anglais, mais ils ont hésité avant de s'en servir étant donné qu'il n'appréciait peut-être pas le parler bilingue, d'où les résultats intermédiaires que l'on trouve avec lui.

Il faut aussi noter que les bilingues diffèrent les uns des autres par rapport à leur mouvement le long du continuum. Ceux qui ne se servent que peu ou pas du parler bilingue ne se trouvent jamais à l'extrémité bilingue, alors que d'autres y sont presque tout le temps, car ils sont entourés de personnes qui partagent leurs langues et qui font fréquemment des alternances de code et des emprunts. Ensuite, le mouvement le long du continuum peut avoir lieu à tout moment selon que les facteurs extérieurs changent. Ainsi, un bilingue peut commencer une interaction en mode monolingue et après quelques minutes se rendre compte qu'il est en face d'un autre bilingue ; il y aura alors un mouvement vers l'extrémité bilingue du continuum. À l'inverse, une personne peut se croire en mode bilingue mais se rendre compte, au fur et à mesure que la conversation avance, que l'interlocuteur n'aime pas faire intervenir l'autre langue. Il y aura alors un mouvement vers un mode intermédiaire.

Lorsqu'un échange se fait en mode bilingue, la langue de base peut être modifiée à tout moment. Cela a lieu, par exemple, lorsque le sujet de conversation est tel que l'on fait appel à un nombre croissant de mots et d'expressions de l'autre langue. À un moment donné, un des interlocuteurs pourra très bien changer de langue de base, en ajoutant parfois une remarque du type : « Je vais passer à (la langue en question) ; ça sera plus facile. »

Le niveau d'activation minimal et maximal de l'autre langue est encore sujet à recherche. Étant donné que les bilingues font parfois des interférences lorsqu'ils sont restreints à une seule langue, on peut supposer que l'autre langue n'est jamais totalement désactivée. Quant au niveau d'activation de l'autre langue en mode bilingue, il peut être aussi élevé que celui de la langue de base lorsque, par exemple, le bilingue parle une langue et l'interlocuteur une autre, ou lorsqu'une personne interprète d'une langue à l'autre. Dans ce second cas, les deux langues doivent toutes deux être actives car l'écoute se fait dans une langue et la production orale (l'interprétation) dans l'autre. Enfin, il y a le cas des personnes trilingues. Elles aussi doivent choisir une langue de base et selon les capacités linguistiques de chacun, et les autres variables déjà mentionnées, elles peuvent se trouver en mode monolingue, bilingue (deux des trois sont actives, avec une plus que l'autre) ou même trilingue, notamment lorsque le locuteur a plus de trois langues à sa disposition et que l'interlocuteur connaît plusieurs de celles-ci.

Soulignons un dernier point à destination de ceux qui s'occupent d'enfants bilingues – enseignants, éducateurs, orthophonistes, etc. – et observent de près leurs productions langagières dans différents environnements. Un élément linguistique qui pourrait être classé comme une « erreur » en mode monolingue (une interférence, par exemple) peut fort bien faire partie intégrante de l'énoncé en mode bilingue et contribuer de manière optimale à la communication. Trop de conclusions hâtives, allant jusqu'à taxer certains bilingues de semilingues ou d'alingues, ont été proposées sans que l'on tienne compte des différents modes langagiers dans lesquels se trouvent les enfants pendant leurs activités[21].

Le choix de langue

Lors d'une interaction, la personne bilingue est souvent devant un choix de langue. Il est simple en mode langagier monolingue car soit l'interlocuteur est monolingue dans une des langues du bilingue, soit il est bilingue ou plurilingue, mais les deux locuteurs ne partagent qu'une seule langue. Il n'y a qu'à penser à certains personnages publics en France qui font leurs interventions uniquement en français, mais qui parlent certainement leur(s) autre(s) langue(s) en privé ou à l'étranger – Manuel Valls, Daniel

Cohn-Bendit, Eva Joly, Najat Vallaud-Belkacem, Rachida Dati, Fadela Amara, et tant d'autres – pour se rendre compte combien le choix de langue est un mécanisme particulièrement efficace.

Le choix de langue en mode bilingue a fait l'objet de recherches poussées surtout en sociolinguistique, car de nombreux facteurs, isolés parfois mais la plupart du temps en interaction avec d'autres, font que telle langue sera choisie et non telle autre lorsqu'une personne bilingue parle à d'autres bilingues, individuellement ou en groupe, en plus du bon registre de langue (formel, courant ou familier). Pour illustrer la complexité de l'opération, qui se passe normalement de manière rapide et subconsciente, prenons un cas présenté par la linguiste Christine Deprez[22]. Autour de la table de la famille Martin, d'origine espagnole, se trouvent le grand-père, la grand-mère, leur fille cadette (tante des deux enfants) et leurs deux petits-fils de 9 ans et 5 ans. Le grand-père ne s'exprime qu'en espagnol et les enfants qu'en français, quels que soient leurs interlocuteurs. La fille, quant à elle, s'adresse à ses parents en espagnol et à ses neveux en français, pour tous les sujets de conversation. Quant à la grand-mère, elle semble suivre plusieurs règles ; celle de l'interlocuteur : elle utilise l'espagnol avec son mari, avec sa fille et pour faire des remarques à la cantonade, alors qu'elle se sert du français avec ses petits-fils ; du contenu : elle se sert du français pour les ordres et pour exprimer la colère, et de l'espagnol pour des souvenirs, des mises en garde affectueuses et des remerciements. Enfin, elle utilise les deux langues pour convaincre son petit-fils de prendre son médicament; l'autorité est exprimée en français et la tendresse en espagnol.

Il semblerait qu'il y ait quatre catégories de facteurs qui contrôlent, séparément ou souvent groupées, le choix de langue chez le bilingue : les interlocuteurs, la situation dans laquelle a lieu l'échange, le sujet, et enfin la fonction de l'interaction. Concernant les interlocuteurs, un facteur important est la maîtrise qu'ils ont des langues. Normalement, on choisit la mieux connue par les deux afin d'assurer une communication efficace. Par exemple, dans la région bilingue français-anglais de l'État du Maine, aux États-Unis, les interlocuteurs se saluent en anglais, mais sont prêts à passer au français si certains indices – accent français, anglais défaillant, regard un peu perdu – laissent entendre qu'il vaudrait mieux changer de langue[23]. Un autre facteur, tout aussi primordial, concerne la langue habituelle utilisée entre les interlocuteurs. Il est rare que des personnes qui se connaissent bien n'aient pas une langue préétablie, même si les deux savent parfaitement bien l'autre langue. Nancy Huston mentionne qu'elle parle toujours français à son frère qui habite le Québec, bien qu'ils soient tous les deux anglophones au départ[24]. D'ailleurs, la transgression de cette habitude linguistique entre deux personnes est toujours remarquée et peut faire l'objet d'une question ou d'un commentaire. Bien entendu, si une tierce personne s'ajoute à l'échange, ou si les interlocuteurs veulent exclure quelqu'un, il est facile de passer à l'autre langue, mais on revient ensuite assez rapidement à la langue habituelle.

L'âge des participants est aussi un facteur de choix de langue. Souvent, les personnes âgées ont des préférences pour certaines langues et les plus jeunes tentent de les respecter. Un autre facteur est le statut socio-économique d'un ou des deux interlocuteurs. Par exemple, C. Scotton[25] explique qu'en Ouganda on parle anglais à une personne bien habillée, alors qu'au Kenya, si un Européen utilise le swahili avec un Kényan qui connaît l'anglais, ce dernier répondra tout de suite en anglais. Autre facteur, le degré d'intimité entre interlocuteurs : on choisit une langue si on connaît mal la personne, une autre si on la connaît bien, comme au Paraguay avec l'espagnol et le guarani. Il y a aussi la pression extérieure : combien de familles issues de la migration ont cessé de parler leur langue d'origine à leurs enfants sous la pression du système scolaire qui a longtemps décrété, à tort, qu'on ne pouvait pas faire de progrès en français si on parlait une autre langue à la maison ? Certaines attitudes politiques ont aussi un impact sur le choix de langue. Les juifs qui ont fui l'Allemagne dans les années 1930 et ceux qui ont quitté la Russie à la fin du siècle dernier ont souvent décidé de ne plus parler la langue de ceux qui les avaient opprimés.

La situation dans laquelle a lieu l'échange joue un rôle important dans le choix de langue. Dans son étude sur la situation linguistique au Paraguay, où un fort pourcentage de la population est bilingue en guarani et en espagnol, Joan Rubin[26] souligne qu'à la campagne les interlocuteurs se parlent en guarani alors qu'en ville d'autres facteurs interviennent pour le choix de langue. Et dans l'État du Maine, dans la vallée de la rivière Saint-Jean, le choix entre l'anglais et le français dépend des villes où l'on se trouve de part et d'autre de la frontière avec le Canada. La formalité de la situation est également importante dans certains environnements ; ainsi, au Paraguay, on parle espagnol avec quelqu'un en position de pouvoir, mais guarani dans une ambiance plus détendue. Et en Suisse alémanique, un personnage politique fera un discours en allemand mais en parlera ensuite avec les personnes autour de lui en suisse allemand.

La présence d'un monolingue a également un effet sur la langue utilisée dans telle situation. Par politesse, on change de langue pour tenir compte de la personne qui se joint à un groupe si elle ne connaît pas (ou mal) la langue utilisée, mais aussitôt que celle-ci s'absente quelques minutes ou entame un aparté avec quelqu'un, on revient à la langue d'origine. Des raisons politiques et sociales peuvent aussi influencer le choix d'une langue en public. Ainsi, l'ex-Premier ministre ukrainien, Ioulia Timochenko, originaire de l'Est russophone, refuse de parler russe en public, alors que tous les Ukrainiens pourraient la comprendre, à quelques exceptions près. Afin de ne pas se faire remarquer, de nombreuses personnes issues de la migration, en France, préfèrent parler français lorsqu'elles sont en public, alors qu'elles auraient naturellement choisi la langue minoritaire pour interagir avec ceux qui les accompagnent. Plus loin dans le temps, Olivier Todd se rappelle que, pendant la Second Guerre mondiale, sa mère, britannique, et lui ne pouvaient pas parler anglais dans la rue à Paris, au café ou dans les transports en commun, au risque qu'elle soit interpellée et expédiée dans un camp pour étrangers. Si une phrase anglaise échappait à sa mère, ils s'étaient mis d'accord qu'il lui serrerait la main. Un jour, dans le métro, elle se lança malgré tout dans une tirade anglaise près d'un officier allemand. Heureusement, il ne réagit pas[27] !

Le sujet d'une conversation, ou d'un entretien, joue un rôle important dans le choix de langue entre bilingues, comme on l'a déjà noté en présentant le principe de complémentarité. Au Paraguay, par exemple, tout ce qui touche à l'éducation, au droit ou aux affaires est discuté en espagnol. Et dans les familles migrantes en Europe, installées dans le pays depuis un certain nombre d'années, des sujets tels que l'administration, les impôts, les études, etc. sont la plupart du temps discutés dans la langue majoritaire. Si la langue minoritaire est tout de même choisie, alors il y aura de nombreux passages à l'autre langue, car le vocabulaire spécifique se trouve dans celle-ci.

Enfin, le choix de langue dépend de la fonction de l'interaction : se rapprocher de son interlocuteur ou, au contraire, garder une distance avec lui, exclure quelqu'un, accroître son propre statut, demander quelque chose, donner un ordre, etc. Gerard Hoffman, qui a étudié le choix de langue chez les Portoricains de Jersey City aux États-Unis, a remarqué que le contremaître portoricain utilise l'anglais sur le chantier avec d'autres Portoricains, mais passe à l'espagnol lors des pauses ou du déjeuner[28]. Son changement de statut entraîne un changement de langue. Exclure quelqu'un en passant à une autre langue est une stratégie utilisée entre bilingues, parfois avec quelques couacs. Une étudiante m'a raconté qu'elle parlait anglais avec une amie bilingue comme elle, avant de choisir le grec pour faire des commentaires sur les personnes de la cafeteria où elles se trouvaient, notamment un étudiant assis tout près. Après cinq minutes, l'étudiant a plié son journal, les a regardées droit dans les yeux, et leur a dit au revoir en grec avec un large sourire! Pour finir, notons que certaines langues n'étant pas utilisées à l'écrit, il faut se servir d'une autre langue. Ainsi, les réunions administratives chez les Navajos se font en navajo mais le compte rendu est rédigé en anglais; et chez les personnes sourdes bilingues en langue des signes et en langue majoritaire, les discussions ont lieu en langue des signes mais les rapports sont écrits en français, par exemple.

Plusieurs de ces facteurs de choix de langue sont actifs en même temps dans la vie de tous les jours. C'est en les combinant que l'on aboutit à une décision concernant la langue à utiliser, ce qui a lieu souvent très rapidement et de manière fort efficace, sans que les interlocuteurs s'en rendent vraiment compte. On ne devient conscient des mécanismes sous-jacents que lorsqu'on se trompe de langue de base ou qu'il n'y a pas d'accommodement entre les personnes concernées. S'il s'agit d'une personne que l'on connaît, on peut éventuellement lui demander un peu plus tard pourquoi il n'y a pas eu entente (par exemple, la conversation s'est passée au téléphone et quelqu'un est entré dans la pièce). Mais avec une personne que l'on ne connaît pas, ou pas bien, alors l'échange est souvent raccourci et on se demande après pendant un petit moment pourquoi il n'y a pas eu accord sur la langue à utiliser.

L'intervention de l'autre langue

Lorsque le bilingue a choisi une langue de base pour communiquer, il doit encore se demander, de manière sub-consciente, s'il va faire intervenir l'autre langue. Si c'est approprié, il fera alors appel au parler bilingue, à savoir l'uti-lisation d'une langue qui contient des alternances de code ou des emprunts. L'alternance de code (*code-switching*) est le passage momentané mais complet d'une langue à l'autre pour la durée d'un mot, d'un syntagme, d'une ou de plu-sieurs phrases : « C'est un truc pour *p'ra curar as videiras mas nao sei, nao sei* [pour soigner les vignes, mais je ne sais pas, je ne sais pas] comment ça s'appelle[29]. » « Il te pique *menfuq* [à travers] le drap », « *huwa* [lui] il était né au Maroc *w* [et] tu vois[30]… » « Va chercher Marc *and bribe him* [et tente-le] avec un chocolat chaud », « J'ai l'impression d'être *back in the country* [de retour à la campagne][31]. »

Lors d'une alternance de code, il y a une coupure nette au moment du passage d'une langue à l'autre, qui se fait normalement sans pause ou temps d'arrêt, sauf lorsque la personne veut attirer l'attention sur l'alternance (ce qu'on appelle le balisage). Depuis les premiers travaux linguis-tiques et psycholinguistiques sur ce phénomène dans la seconde moitié du siècle dernier, le domaine est devenu vaste et a suscité de nombreuses études. Shana Poplack, par exemple, a travaillé sur les contraintes grammaticales qui sous-tendent les alternances[32] et a montré qu'il ne s'agissait pas d'un mélange aléatoire des langues, comme l'affirment certains. Par exemple, elle a proposé la contrainte de l'équivalence selon laquelle l'alternance peut se produire entre deux éléments d'une phrase s'ils sont ordonnés de la même manière selon les règles de leurs grammaires respectives. Ainsi, des alternances entre l'anglais et l'espagnol seraient permises entre un article anglais et un nom espagnol, mais exclues entre un nom et un adjectif car cela transgresserait les règles de l'anglais qui déterminent l'ordre des mots, à savoir que l'adjectif est suivi d'un nom. Poplack précise que cette contrainte ne s'applique pas à toutes les communautés bilingues, ce qu'Abdelali Bentahila et Eirlys Davies ont d'ailleurs montré en étudiant les alternances de code entre l'arabe marocain et le français[33]. Depuis, de nombreux travaux ont cherché à comprendre comment les alternances sont produites et le traitement qui en est fait par les auditeurs bilingues.

Les raisons qui poussent les bilingues à se servir d'alternances sont nombreuses et ont peu à voir avec la paresse intellectuelle que d'aucuns mentionnent à tort. L'une d'elles est tout simplement que certaines choses sont mieux dites dans l'autre langue. Dans un contexte où la personne à qui l'on s'adresse partage les deux mêmes langues, et n'est pas opposée aux alternances, pourquoi ne pas se servir du mot juste ou de la phrase la plus appropriée, même si on doit changer de code ? D'ailleurs, souvent les bilingues font des alternances lorsqu'ils veulent citer mot à mot ce qui leur a été dit dans une autre langue : c'est nettement plus approprié que de passer par une traduction parfois imparfaite. Une autre raison touche au principe de complémentarité :

on l'a vu, certains domaines et activités sont couverts par une seule langue chez les bilingues, et pouvoir faire appel à celle-ci directement lorsqu'on est dans la « mauvaise langue » est fort utile ; cela évite à nouveau une imprécision dans les propos.

D'autres raisons, discursives et communicatives cette fois-ci, motivent les alternances de code : signaler que l'on fait partie du même groupe que la personne à qui on s'adresse, se rapprocher d'elle ou prendre ses distances avec elle, exclure quelqu'un, etc. Que de fois n'ai-je glissé un mot ou une phrase de mon autre langue face à une personne qui partage mes deux langues pour signaler notre bilinguisme commun ! On peut même se servir des alternances de code, dans certaines cultures, pour accroître son statut social et ainsi obtenir ce que l'on veut, comme dans cet exemple rapporté par les chercheurs Carol Scotton et William Ury. À Nairobi, un passager prend un bus, le contrôleur lui dit en swahili que le trajet lui coûtera cinquante centimes. Le passager lui donne un shilling, le contrôleur lui demande d'attendre la monnaie. Lorsqu'il s'approche de sa destination, le passager demande son dû ; le contrôleur lui répond qu'il le recevra bientôt. C'est alors que le passager fait une alternance de code vers l'anglais, la langue des élites au Kenya : « J'approche de ma destination. » Ce changement de langue est fait pour augmenter son statut et lui donner plus d'autorité. Le contrôleur comprend très bien cette stratégie et lui aussi passe à l'anglais pour répondre : « Pensez-vous que je m'en irais avec votre monnaie ? » Il rétablit ainsi une égalité de statut entre les deux[34].

Les alternances de code, jusqu'ici utilisées de manière assez discrète dans certains milieux car souvent critiquées, commencent à faire leur apparition dans le monde de la chanson et de la littérature, ce qui est fort réjouissant. Par exemple, de nombreuses chansons raï en contiennent, comme «Diri Confiance» de Cheb Akil : «nthannaw men *la souffrance* / kul jum ʿumri diri *confiance* / zidi Sbri tanhar *l'alliance*» («Nous avons échappé à la souffrance / chaque jour, mon amour, aie confiance / continue à être patiente jusqu'au jour de notre alliance»). E. Davies et A. Bentahila, qui citent cet exemple[35], soulignent combien l'effet poétique de ce type de chanson est enrichi par ces alternances. On observe le même phénomène en littérature. Par exemple, l'auteure hispano-américaine Susana Chávez-Silverman désire rester bilingue dans ses écrits afin de ne pas avoir à choisir entre ses langues ; elle espère que cette manière de composer encouragera d'autres auteurs issus des minorités à rédiger ainsi : «Como *northern* Califas *girl, of course*, había visto mucho *nature* espectacular ; *the Pacific Ocean* como *yarda* de enfrente, *for starters*, y los sequoia *giant redwoods. Yes, especially* los *redwoods*[36].» (En tant que fille de Californie du Nord, bien sûr, j'ai toujours eu devant mes yeux une nature spectaculaire : l'océan Pacifique comme jardin devant la maison, tout d'abord, et les séquoias, les séquoias géants. Oui, surtout les séquoias.)

Deuxième manière de faire intervenir l'autre langue dans le discours bilingue : l'emprunt d'éléments d'une langue avec adaptation morphologique et souvent phonologique à la langue de base. Contrairement à l'alternance de code qui est une juxtaposition de deux langues, l'emprunt est l'inté-gration d'éléments d'une langue dans l'autre. En général, il concerne à la fois la forme et le contenu d'un mot, comme dans les exemples suivants en provenance de l'anglais : «Je vais *checker* (vérifier) cela», «Tu peux me *tier* (lacer) mes chaussures?»

L'emprunt peut aussi consister à prendre un mot de la langue de base et à étendre son sens afin de le faire cor-respondre à celui d'un mot dans l'autre langue, ou alors à réarranger l'ordre des mots en langue de base d'après l'ordre de l'autre langue et ainsi créer une nouvelle expression. Par exemple, aux États-Unis, les bilingues portugais-anglais ont ajouté au mot *humoroso* («capricieux») le sens du mot anglais *humorous* («humoristique»); de même pour *grosse-ria* («grossièreté») qui a pris le sens de *grocery* («épicerie»). Quant aux nouvelles expressions, qui ressemblent à des calques, le linguiste australien Michael Clyne[37] en donne un exemple en provenance de la communauté bilingue alle-mand-anglais d'Australie : l'expression *für schlechter oder besser* («pour le meilleur ou pour le pire») est basée sur l'an-glais *for better or worse*.

On emprunte pour les mêmes raisons linguistiques que pour les alternances de code, les principales étant d'utiliser le mot juste et de faire référence à un domaine couvert par l'autre langue. C'est d'autant plus vrai dans le bilinguisme issu de la migration, où l'on trouve des réalités différentes dans le nouveau pays (faune, flore, habitation, travail, éducation, habitudes, etc.). Comme l'a très bien dit Uriel Weinreich, il est normal d'utiliser des libellés déjà existants au lieu d'en créer de toutes pièces ; peu de locuteurs d'une langue sont des poètes !

En général, il est important de distinguer les emprunts spontanés (produits par le locuteur bilingue dans son discours) et les emprunts de langue (ou établis), à savoir les mots d'origine étrangère qui font partie intégrante du vocabulaire de la langue et que les monolingues utilisent également. Les emprunts spontanés sont très nombreux, ce qui est normal, mais seulement quelques-uns deviennent des emprunts établis. Toutes les langues, dont le français, possèdent des emprunts en provenance de langues régionales ou de langues étrangères. Ainsi, Henriette Walter nous rappelle que «balai» provient du breton, «cabaret» du picard, «quiche» de l'alsacien, «pognon» du franco-provençal, «crachin» de l'oïl de l'Ouest, etc.[38]. Aujourd'hui, le français reçoit surtout des mots de l'anglais (*feedback, leader, briefing, deadline*, etc.), mais il a pendant longtemps donné des mots à cette langue (*poet, manor, music, poem, companion, table, dinner, fruit*, etc.). Et tout cela grâce au bilinguisme ! En effet, comme l'écrit l'illustre linguiste français Antoine Meillet, «pour que soient empruntés ces termes […], il faut qu'il y ait eu des gens pratiquant à la fois les deux langues, ayant les deux langues présentes simultanément à l'esprit, et qui recouraient au vocabulaire de l'une ou de l'autre langue suivant leur commodité[39] ».

Alternances de code et emprunts spontanés ont lieu principalement en mode bilingue dans un contexte où il est acceptable d'utiliser le parler bilingue. Mais il se peut que l'on doive faire appel à l'autre langue en mode monolingue, avec un interlocuteur la connaissant peu ou pas. Lorsque cela arrive, la personne bilingue fait de son mieux pour faciliter l'intercompréhension. Par exemple, les alternances de code sont balisées à l'aide d'hésitations, de remarques du type, «comme on dit en», et sont souvent accompagnées de tentatives d'explication ou de traduction, parfois proposées par l'interlocuteur lui-même d'ailleurs. Quant aux emprunts, un effort est fait de les intégrer le plus possible dans la langue utilisée pendant l'interaction afin de faciliter leur perception par la personne monolingue. Cela dit, la règle de base est de tenir compte le mieux possible de son interlocuteur car on ne sait jamais comment il va réagir au parler bilingue. «En France, écrit Nancy Huston, je me demande si je peux glisser dans mes phrases un mot anglais sans paraître snob… et sans paraître handicapée non plus. Tout dépendra de mon interlocuteur. Le même mot, la même phrase, provoquera l'incompréhension chez l'un, l'agacement chez l'autre et, chez le troisième, un sourire complice[40].»

Quand l'autre langue intervient sans être sollicitée

Très souvent – le plus souvent, chez certains –, les bilingues doivent se cantonner à une seule langue, à l'oral ou à l'écrit. En mode monolingue, ils optent pour la langue de l'interlocuteur, ou du lecteur, en désactivant autant que possible leur(s) autre(s) langue(s). Cette capacité de désactivation ne cesse d'émerveiller les chercheurs, qui se posent la question de savoir s'il s'agit d'un processus neuropsycho-linguistique d'inhibition ou plutôt de simple désactivation, ce que je défends, car il faut laisser la possibilité que l'autre langue puisse être entendue, sinon produite, même en mode monolingue. Plusieurs structures cérébrales seraient impliquées, tels le noyau caudé gauche, le cortex préfrontal gauche, et le cortex cingulaire antérieur[41].

Ceux qui réussissent à désactiver complètement l'autre langue et qui, de plus, parlent bien et sans accent la langue de l'interlocuteur sont souvent perçus comme monolingues dans cette langue. Ce sont eux justement qui ont amené les observateurs à penser que les bilingues étaient deux mono-lingues en une seule personne. En réalité, la désactivation de l'autre langue est rarement totale, et cela se remarque par les interférences que produisent les bilingues. Une interfé-rence, également appelée « transfert » par certains, est une déviation particulière du locuteur dans une langue, due à l'autre ou aux autres langues. Les interférences peuvent se situer à tous les niveaux linguistiques (phonologique, lexi-cal, syntaxique, sémantique, pragmatique) et dans toutes les modalités (oral, écrit ou signes). Au niveau phonétique, par exemple, chez certains bilingues anglais-français, on peut entendre « observé », dans la phrase « Je l'ai *observé* », pro-noncé, en partie, à l'anglaise, où le /p/ et le /s/ sont pro-noncés /b/ et /z/. Les bilingues plutôt dominants en français peuvent mal positionner un accent en anglais : on entendra « e DIN burgh » au lieu de « E din burgh » ce qui rend ce mot difficilement compréhensible chez les anglophones mono-lingues. Christine Deprez[42] signale qu'il est difficile pour les

hispanophones de prononcer le son /y/ et qu'une interférence peut donc se glisser dans la prononciation de «rue»
qui devient «roue» ou de «fumer» qui devient «foumer».
Au niveau lexical, on trouve des cas de mots de la langue
désactivée importés dans la langue parlée : «Une fois qu'on
a *extendu* son visa», dira un bilingue anglais-français pour
«Une fois qu'on a prolongé son visa». Il y a aussi les faux
amis, la bête noire de nombreux bilingues : *actually* («en
fait») et actuellement, *confidence* («confiance») et confidence pour l'anglais et le français, par exemple; *mancha*
(«tache») et manche, *salir* («sortir») et salir pour l'espagnol
et le français, etc. Les expressions toutes faites sont un piège
bien connu, pour l'apprenant mais aussi pour celui qui se
sert régulièrement des deux langues mais qui ne connaît pas
forcément l'équivalent. Ainsi, un bilingue anglais-français
pourra dire : «Il parle à travers son chapeau», calqué sur
«*He's talking through his hat*», alors qu'il aurait dû dire : «Il
parle pour ne rien dire.»

Aux niveaux linguistiques supérieurs, il existe des interférences syntaxiques. Ainsi, à la place de «Là où est l'accent
tonique», un locuteur pourra dire : «Là où l'accent tonique
est», à cause de l'anglais «*The place where the stress is*», un
autre «J'ai vu à Paul», à cause de la structure corse «*Aghju
vistu à Paulu*[43]». À l'écrit, un bilingue anglais-français, malgré ses bonnes connaissances des deux langues, continuera
à se demander combien de *d* il faut à adresse et *address*,
combien de *p* pour appartement et *apartment*, etc. J'ai moi-
même été soulagé lorsque les correcteurs orthographiques
ont commencé à être intégrés dans les programmes de

traitement de texte! Il existe aussi le problème des formules de politesse dans les lettres. Selon les langues et les cultures, elles peuvent aller du très simple (comme en anglais) à l'élaboré (comme en français). En tant que bilingue, sous l'influence de l'autre langue, on peut parfois tomber dans le piège de trop simplifier une formule, ou la rendre plus complexe alors qu'elle devrait rester assez simple. On peut aussi traduire littéralement une formule d'une langue dans l'autre, ce qui donne quelque chose de gauche. Lorsque le président américain, Barack Obama, s'est fait réélire en novembre 2012, son homologue français, François Hollande, a terminé sa lettre de félicitations sur une formule qui lui a probablement été soufflée par un conseiller connaissant l'anglais, mais pas assez, car il a écrit *Friendly* pour «Amicalement». Or il aurait dû mettre quelque chose comme *Yours sincerely*, *Yours faithfully* ou même *Kind regards*[44].

Il est possible de distinguer deux grands types d'interférences. Les transferts[45], ou interférences statiques, reflètent des traces permanentes d'une langue dans la compétence linguistique de l'autre, comme une prononciation avec accent, le sens incorrect donné à un mot d'une manière durable, l'utilisation persistante d'une structure syntaxique provenant de l'autre langue, etc. Quant aux interférences dynamiques, intrusions éphémères, elles se manifestent par exemple par un lapsus phonétique qui place mal un accent de mot, l'utilisation accidentelle d'un mot de l'autre langue que l'on a intégré morphologiquement et phonologiquement dans la langue de base, une utilisation momentanée d'une structure syntaxique de l'autre langue, alors

79

que l'on se sert normalement de celle qui est correcte, etc. Ces interférences dynamiques sont d'un intérêt particulier pour le psycholinguiste, car elles reflètent une interaction momentanée des deux systèmes de production, alors que l'un d'eux est censé être désactivé en mode monolingue. Le bilingue qui les produit, la plupart du temps sans s'en rendre compte, pense parler la langue de base uniquement. Or un regard d'incompréhension ou une interrogation de la part de l'interlocuteur révèlent la présence de ces éléments inattendus, sortes de compagnons linguistiques indésirables qui nous accompagnent partout!

Les interférences doivent être distinguées des déviations intralinguistiques qui apparaissent si l'une des langues n'est pas encore bien maîtrisée, comme les surgénéralisations, les simplifications, les hypercorrections et l'évitement de certains mots et expressions. Lorsque la personne bilingue a stabilisé ses langues, les interférences sont moins nombreuses et ne nuisent pas outre mesure à la communication, sauf peut-être lorsque l'accent est particulièrement fort. Ayant l'habitude de l'entendre, ceux qui connaissent bien le bilingue (membres de sa famille, collègues) ont appris à les filtrer ou à les remplacer par l'élément correct. La fréquence des interférences dépend notamment du niveau de maîtrise de la langue (elles sont naturellement moins nombreuses lorsque la compétence est bonne) et de l'état de fatigue ou de stress (certains bilingues disent faire plus d'interférences lorsqu'ils sont fatigués, sous tension ou troublés). La direction des interférences dépend quant à elle en partie de la dominance que l'on possède des langues. Une langue fortement dominante viendra influencer la ou les langues les plus faibles. Si la personne bilingue maîtrise bien les deux langues, sans toutefois avoir atteint un état d'équilibre dans celles-ci (voir le chapitre 1), alors les interférences peuvent aller dans les deux sens, ce qui peut inquiéter le bilingue en lui donnant l'impression de n'en connaître aucune !

Cela dit, le bilingue apprend à vivre avec les interférences qui enrichissent et rendent moins monotone et stéréotypée sa production langagière parlée et écrite. En littérature française, on souligne souvent le style original et expressif de tel auteur qui n'est pas natif de la langue. Jonathan Littell, prix Goncourt en 2006 pour *Les Bienveillantes*, admet d'ailleurs pleinement la présence de l'anglais dans son français : « Il y a des anglicismes dans mon roman ! Et comment ! Je suis un locuteur de deux langues et, forcément, les langues se contaminent entre elles[46]. » Romain Gary, quant à lui, a intégré dans son français, mais aussi dans son anglais, son héritage du yiddish, du russe et du polonais, selon sa biographe, Myriam Anissimov[47]. Et n'ayant appris l'anglais qu'à l'âge de 6 ans, Jack Kerouac construisait ses phrases, au moins au début de sa carrière, comme des phrases françaises[48].

3.

Devenir bilingue

Les parents qui souhaitent élever leurs enfants avec deux ou plusieurs langues et les familles qui le font déjà se posent de nombreuses questions sur les facteurs qui mènent au bilinguisme, simultané et successif, comment l'enfant vit avec ses langues, ainsi que le rôle de la famille et de l'école. Ces interrogations nous accompagneront tout au long de ce chapitre sur le devenir bilingue.

Il existe une idée reçue que pour être un vrai bilingue, il faut avoir acquis ses langues dans la petite enfance, les deux en même temps, ou la seconde suivant de près la première. Certes, il y a quelque chose d'enchanteur à entendre un petit de 3 ou 4 ans parler telle langue à ses parents et telle autre à un ami proche. Mais on peut devenir bilingue à tout âge. Les bilingues simultanés qui ont grandi avec deux langues dès la naissance sont une minorité, comme le montrent les psycholinguistes Barbara Zurer Pearson et Sylvia Fernández, qui n'ont trouvé que 6 à 15 % d'enfants bilingues de ce type dans leurs études aux États-Unis[1]. On peut donc estimer qu'en Europe et en Amérique, environ un cinquième, au plus, des enfants acquièrent leurs langues simultanément (le pourcentage est sans doute plus élevé en Afrique), soit que chaque parent leur parle une langue différente, soit que leur entourage utilise plusieurs langues avec eux (grands-parents, nourrices, etc.).

La majorité des enfants bilingues commencent leur vie avec une seule langue, celle de la maison, et acquièrent une ou plusieurs autres langues à l'extérieur, dans le voisinage, à la crèche, l'école maternelle ou l'école primaire, ou même plus tard. Un changement d'école ou de programme scolaire, un départ vers une autre région linguistique ou un autre pays, et les enfants monolingues rencontrent une autre langue et commencent à s'en servir (comme ce fut mon cas à l'âge de 8 ans), tandis que ceux qui sont déjà bilingues ajoutent une langue à leur répertoire. N'oublions pas ceux qui suivent une partie de leur scolarité en classe d'immersion (éducation bilingue) et ceux, un peu plus tard, qui partent en séjour linguistique prolongé dans un autre pays, comme le faisaient il y a bien longtemps les jeunes Romains qui séjournaient en Grèce afin d'acquérir la langue et baigner dans la culture du pays[2].

Peut-on devenir bilingue à l'adolescence ou plus tard? Bien entendu. L'auteure d'*Une vie entre les mots* (*Lost in Translation*) a quitté sa Pologne natale à 13 ans et est venue s'installer au Canada avec ses parents. C'est là qu'elle a commencé à apprendre l'anglais, qu'elle ne connaissait pas jusque-là, imitant ainsi de nombreux autres enfants d'immigrants arrivant dans ce pays qui allait devenir le leur. Eva Hoffman est maintenant une auteure bilingue de langue anglaise réputée. Quant à devenir bilingue à l'âge adulte, Agota Kristof a découvert le français à 21 ans, réfugiée en Suisse avec son mari et sa fille de 4 mois après avoir fui son pays d'origine, la Hongrie, lors des événements de 1956. Elle a appris le français en travaillant dans une fabrique d'horlogerie et, peu à peu, en commençant par la poésie, elle est devenue une écrivaine acclamée dans sa langue d'adoption[3].

Facteurs qui mènent au bilinguisme

Quels sont les facteurs qui font qu'une langue est acquise jusqu'à aboutir à un bilinguisme simultané ou, plus fréquemment, successif ? Le premier facteur, et le plus important, est tout simplement le besoin que l'on a de communiquer, écouter, participer à des activités, etc. dans une langue donnée. S'il est présent, l'enfant acquerra la langue ; s'il disparaît, il aura tendance à l'oublier. La nécessité de connaître et d'utiliser une langue est à la base du bi- et du plurilinguisme, mais elle est trop souvent ignorée par ceux qui souhaitent développer le bilinguisme chez l'enfant[4]. Les exemples abondent. Lorsque l'Inde était sous domination anglaise, les jeunes enfants des fonctionnaires anglais étaient en contact quotidien avec de nombreuses personnes d'origines linguistiques différentes. Comme ils voulaient communiquer avec eux, ils apprenaient le bengali avec la nourrice, par exemple, le santali avec le jardinier, l'hindi avec le personnel de maison, et maîtrisaient à ce point ces langues que leurs parents leur demandaient souvent de traduire lorsqu'ils devaient s'entretenir avec ces personnes[5]. Autre exemple, la petite Suzanne habitait en Afrique orientale avec ses parents à qui elle parlait français ; sa nourrice communiquait avec elle en swahili et l'enfant a donc parlé cette langue couramment jusqu'à l'âge de 7 ans. La famille a ensuite déménagé dans un pays où le portugais était la langue officielle, et Suzanne a acquis cet idiome pour parler avec les amis du quartier et avec sa sœur cadette. Comme l'école qu'elle fréquentait était anglophone, elle a appris l'anglais qu'elle utilisait avec sa sœur aînée, alors que, lorsque les trois filles étaient ensemble, elles se servaient du portugais. Quatre langues bien utiles, à différents moments, dans la vie de cette jeune enfant.

On n'insistera jamais assez sur le facteur du besoin en évoquant l'acquisition d'une langue… ou la perte de celle-ci lorsqu'il n'est plus présent. Prenons le cas du petit Stephen Burling à propos duquel le père, anthropologue, a écrit un article devenu classique sur son devenir bilingue et son retour au monolinguisme[6]. Lorsque Stephen avait 16 mois, ses parents sont partis vivre dans les collines de Garo, dans l'état de l'Assam, en Inde. Stephen a appris très rapidement le garo avec sa nourrice et pendant un an et demi environ, il a été bilingue en anglais et en garo, avec même une légère préférence pour cette deuxième langue. La famille a quitté la région lorsque Stephen avait 3 ans et a voyagé à travers l'Inde. Chaque fois que Stephen rencontrait des Indiens qui ressemblaient aux Garos, il essayait de leur parler, mais se rendait vite compte qu'ils ne connaissaient pas le garo. La toute dernière fois qu'il a tenté de s'en servir était dans l'avion du retour vers les États-Unis avec un garçon malaisien, à nouveau sans succès. Son père a essayé de lui parler garo de temps en temps à la maison, mais après quelques mois, Stephen n'a plus du tout utilisé cette langue. Robbins Burling termine son article scientifique en espérant qu'un jour ils pourront retourner dans cette région de l'Inde afin de découvrir si des restes de garo, enfouis dans le cerveau de Stephen, peuvent être réactivés au contact de cette langue.

Il est clair que le besoin pour le garo était primordial pendant le séjour de Stephen, car sa nourrice ne parlait que cette langue. Après son retour dans son pays d'origine, il n'avait plus besoin de cette langue et elle s'est donc étiolée. J'ai eu l'occasion de contacter Robbins Burling de nombreuses années après son séjour en Inde pour lui demander si Stephen était retourné dans les collines de Garo. Il m'a dit que ce voyage ne s'était jamais fait mais qu'à l'âge de 6 ans, Stephen avait accompagné ses parents en Birmanie (Myanmar) et qu'il avait appris le birman qu'il parlait couramment à la fin de leur séjour. Mais là aussi, au retour, cette langue s'est estompée. Comme l'a résumé son père à la fin de son message, Stephen, à l'âge de 8 ans, avait déjà appris trois langues et en avait perdu deux!

Outre le besoin, pour qu'une langue soit acquise afin d'aboutir, avec l'autre langue, au bilinguisme, l'apport linguistique doit être conséquent de la part des personnes qui jouent un rôle central dans la vie de l'enfant et il faut qu'il s'étende sur une certaine durée. En se fondant sur des chiffres proposés par le psycholinguiste Barry McLaughlin, qui estime qu'un enfant monolingue entre 1 et 6 ans est exposé pendant environ 9 000 heures à sa première, et unique, langue, Barbara Abdelilah-Bauer a calculé qu'il aurait besoin d'au moins 2 700 heures d'exposition à la seconde pour devenir bilingue à l'âge de 6 ans[7]. Or elle estime qu'une année d'atelier de langue à raison de trois heures par semaine aboutit à seulement 108 heures d'exposition par an (36 semaines). Et si l'enfant est en classe bilingue, avec sept heures hebdomadaires autorisées par l'Éducation nationale, on arrive à seulement 756 heures après trois années de scolarité! Or l'enfant en devenir bilingue a besoin d'un apport linguistique réellement important et sur une longue durée afin de bien ancrer ses capacités langagières.

Il faut par ailleurs que cet apport soit aussi varié que pour la première langue et qu'il ait lieu dans les mêmes types de situations, si possible. Il doit venir de personnes et non de moyens audiovisuels tels que la télévision, le lecteur de DVD, etc. La psycholinguiste américaine Patricia Kuhl et ses collègues[8] ont clairement montré que de très jeunes enfants ne développaient pas les catégories phonétiques d'une langue si l'apport provenait de ces moyens; il leur fallait des personnes qui leur parlaient, jouaient avec eux et leur lisaient des histoires. La lecture, d'abord à haute voix et ensuite par l'enfant lui-même, est une source excellente de vocabulaire et d'informations culturels. De plus, à certains moments l'apport doit être monolingue, sans alternances de code et emprunts, car cela permet à l'enfant de bien séparer les deux langues et de construire une compétence dans chacune d'elles.

Autre facteur, la famille, immédiate et étendue. Elle doit assurer une pratique régulière de chaque langue dans une ambiance d'encouragement. L'adulte est un modèle linguistique et quelqu'un qui favorise l'échange, répond à des questions, commente et intervient quand il le faut. Comme nous le verrons, de nombreuses familles adoptent une approche d'utilisation des langues et certaines mettent sur pied un «projet linguistique» de longue durée, où le soutien des langues et l'accompagnement de l'enfant dans son bilinguisme sont explicités.

Enfin, si la langue est reconnue et appréciée par l'école, à défaut d'être utilisée dans le programme scolaire, l'enfant sera encouragé à continuer à s'en servir. Et si elle est pratiquée à l'extérieur du domicile, par ceux que l'enfant côtoie, cela sera d'un grand secours. Mais cela dépendra en partie des attitudes, de la société et de la famille, vis-à-vis de la langue en question et du bilinguisme en général. En effet, les enfants sont très sensibles au statut d'une langue et à son image tels qu'ils sont reflétés par l'environnement qui est le leur. Une langue critiquée et dévalorisée sera plus facilement laissée de côté par l'enfant, qui ne fera que reproduire les attitudes de ceux qui l'entourent. En revanche, la valorisation d'une langue et de ses locuteurs lui donnera envie de continuer à l'apprendre. Les représentations négatives du bilinguisme et la mise en avant de prétendus «dangers» d'être bilingue nuiront au développement à long terme des langues chez l'enfant. Un des dangers hypothétiques – l'enfant ne développera jamais correctement la langue de l'école s'il continue à utiliser une langue différente à la maison – a fait des dégâts considérables au niveau de l'acquisition naturelle, et du maintien des langues minoritaires en famille.

Le bilinguisme simultané

Ce type de bilinguisme a lieu lorsque chaque parent utilise une langue différente avec l'enfant, ou bien que les parents se servent d'une langue et les autres personnes qui s'occupent de lui d'une autre. L'enfant reçoit alors deux apports linguistiques et développe les deux langues en même temps, ou plusieurs langues dans certains cas. Pendant longtemps, et surtout avant la recherche expérimentale en laboratoire avec des bébés et de très jeunes enfants, les données que l'on avait concernant l'acquisition simultanée provenaient en grande partie des journaux tenus par les parents, eux-mêmes souvent linguistes. Ainsi, en France, la toute première thèse sur l'ontogenèse du bilinguisme a été celle de Jules Ronjat, dans laquelle il a décrit l'acquisition simultanée de l'allemand et du français de son fils, Louis. Sa femme et lui ont suivi à la lettre les conseils du linguiste Maurice Grammont qui leur a proposé l'approche « une personne-une langue ». Voici un extrait de la lettre du linguiste à Ronjat : « Il n'y a rien à lui apprendre ou lui enseigner. Il suffit que lorsqu'on a quelque chose à lui dire on le lui dise dans l'une des langues qu'on veut qu'il sache. Mais voici le point important : *que chaque langue soit représentée par une personne différente.* Que vous, par exemple, vous lui parliez toujours français, sa mère allemand. *N'intervertissez jamais les rôles.* De cette façon, quand il commencera à parler, il parlera deux langues sans s'en douter et sans avoir fait aucun effort spécial pour les apprendre[9]. » C'est précisément ce qu'ont fait Ronjat et sa femme, et Louis a acquis les deux langues en parallèle. Depuis, l'approche de Grammont a été suivie par de nombreux parents à travers le monde.

Ce qu'a remarqué Ronjat, ainsi que plusieurs chercheurs depuis, c'est que le bilingue précoce passe par les mêmes étapes d'acquisition que les enfants monolingues : gazouillis, babillages, premiers mots, premiers syntagmes et premières phrases. De plus, l'espacement temporel entre ces différentes étapes est similaire dans les deux populations. Les premiers mots sont prononcés à 11 mois, en moyenne, et si les enfants bilingues reçoivent suffisamment d'apport des deux langues, leur développement lexical suivra les mêmes étapes. Le nombre total de mots chez ces enfants – en tenant compte des deux vocabulaires pour les enfants bilingues – est identique ou même parfois supérieur à celui des monolingues ; par contre, la taille des vocabulaires individuels peut être un peu moins grande chez les enfants bilingues (nous y reviendrons au chapitre 4). D'autres aspects du développement linguistique chez le jeune enfant se retrouvent chez les petits bilingues : les sons plus difficiles à prononcer apparaissent plus tard que les autres, il y a surgénéralisation des premiers mots (un « maou » concerne tous les petits quadrupèdes), les phrases s'allongent petit à petit, etc.

Trois théories concernant le développement bilingue simultané ont été proposées ces dernières années. Selon la première, les très jeunes enfants développent un seul système langagier au tout début qui, peu à peu, se divise en deux, un pour chaque langue. Pour la deuxième, les deux systèmes linguistiques sont séparés dès le départ. Enfin, d'après la plus récente, il y a bien deux systèmes linguistiques précoces, mais interdépendants, car ils peuvent s'influencer mutuellement, surtout dans la direction d'une langue dominante qui a un impact sur la langue la plus faible[10].

Les défenseurs de la première théorie (plus très nombreux) mettent en avant les mélanges produits par les très jeunes enfants, qui diminuent en fréquence au fur et à mesure qu'ils grandissent. De plus, selon eux, au tout début du développement du lexique, un mot dans une langue n'a pas systématiquement son équivalent dans l'autre, mais le principe de complémentarité peut expliquer cela en partie, même au-delà des premières années. En outre, les très jeunes enfants bilingues évitent de prononcer des mots dans une langue s'ils sont difficiles à articuler bien qu'ils connaissent la paire (un petit bilingue anglais/français dira « *boy*» mais pas «garçon», ou «couteau» mais pas «*knife*»). Enfin, ils produisent des néologismes en combinant des mots provenant de chaque langue («shot» basé sur «chaud» et «*hot*», «pinichon» qui provient de «*pickle*» et «cornichon»), ainsi que des mots composés où les deux équivalents cohabitent (ex. «papa-*daddy*», «chaud-*hot*», «*Bitte-please*», etc.).

Ceux qui soutiennent qu'il y a deux systèmes linguistiques dès le début mettent en avant que très rapidement les enfants savent choisir la langue qu'il faut pour l'interlocuteur en question, et que les structures linguistiques, hormis les mélanges dus au mode bilingue, proviennent d'une langue ou de l'autre. La morphologie est correcte et les règles syntaxiques telles que l'ordre des mots sont respectées.

L'hypothèse de deux systèmes séparés mais interdépendants semble aujourd'hui convaincre le plus grand nombre de chercheurs. En effet, il est rare que les deux langues se développent à la même vitesse, ce qui fait que la langue dominante influence l'autre par le biais d'interférences. De plus, cette relation inégale aboutit à ce que certaines structures se développent plus rapidement dans une langue que dans l'autre. La dominance mise à part, certaines règles et structures seront acquises plus rapidement dans une langue car elles sont simplement moins complexes ou plus transparentes que dans l'autre.

Ce qui fait consensus chez l'ensemble des psycholinguistes qui travaillent sur ces questions est le fait que le bilingue simultané doit construire ses grammaires et ses lexiques, et attribuer à chaque langue ce qui lui appartient. Comment le fait-il ? Il se fonderait sur les indices phonétiques et prosodiques de chaque langue ainsi que sur des informations structurelles ; de plus, il tient compte du contexte dans lequel les langues sont parlées ainsi que des personnes qui s'en servent. Lorsque l'approche « une personne-une langue » est utilisée, l'enfant peut s'en servir dans l'organisation de ses langues et cela explique que de jeunes bilingues de 2 ou 3 ans deviennent les « gardiens » des langues et de ceux qui les parlent. Quand les interlocuteurs transgressent le lien qui lie la personne et la langue, les petits bilingues sont perturbés, jusqu'à réagir de manière

93

assez forte. Ainsi, Juliette, une petite bilingue français-anglais de 2 ans et demi, jouait en anglais avec un jeune anglophone de 5 ans, Marc. Afin de lui faire plaisir, ce dernier demande à sa mère comment on dit « *come* » en français. Il se tourne vers Juliette : « Viens, viens. » Mais Juliette n'est pas contente ; elle répond, en colère : « Ne fais pas ça, Marc ! » Une des conséquences du lien langue-personne est que les jeunes enfants bilingues corrigeront leurs parents si ceux-ci s'aventurent à faire une alternance de code ou un emprunt. Le lien est moins fort, sinon inexistant, dans les familles où les parents passent fréquemment d'une langue à l'autre, comme au Maroc, où de nombreux enfants, dès la naissance, ont l'habitude d'entendre les mêmes adultes se servir de leurs langues de manière plus ou moins interchangeable en famille et produire de nombreuses alternances[11].

Le bilinguisme successif

L'acquisition successive s'applique à la grande majorité des enfants bilingues, même si elle est mal reflétée dans la recherche qui, jusqu'à maintenant, se concentrait sur l'acquisition simultanée. Les chercheurs ne sont pas d'accord sur l'âge auquel l'acquisition passe du simultané au successif, mais les estimations se situent entre 3 et 5 ans. La plupart des enfants bilingues, en effet, acquièrent une première langue à la maison et sont ensuite mis en contact avec une deuxième langue à l'extérieur, principalement lorsqu'ils entrent à l'école. Ils possèdent donc une langue avant d'acquérir la deuxième et ils peuvent se servir de la première pour faciliter leur apprentissage de la nouvelle. Ils possèdent aussi des compétences pragmatiques et sociales qui leur sont d'un grand secours.

La linguiste américaine Lily Wong Fillmore s'est intéressée aux enfants qui deviennent bilingues en entrant en contact avec une deuxième langue sans que celle-ci leur soit enseignée[12]. Trois composantes interagissent, selon elle : les apprenants, qui savent qu'ils sont en état d'apprentissage d'une langue, les locuteurs de la langue qui vont les aider à l'acquérir, et le contexte dans lequel les deux sont en relation, notamment l'école mais également la communauté dans laquelle ils habitent. Il existe également des processus. Concernant ceux qui touchent aux aspects sociaux, les apprenants observent ce qui se passe lorsque les personnes se parlent, devinent de quoi elles parlent, et comment elles s'y prennent. Ils doivent aussi encourager les interlocuteurs à être sensibles à leurs besoins et s'assurer qu'ils ajustent leur production afin qu'ils puissent les comprendre. En somme, les deux doivent coopérer. L. Wong Fillmore propose trois stratégies sociales utilisées par les apprenants : se joindre à un groupe et faire semblant de comprendre les échanges, même si ce n'est pas le cas ; donner l'impression, à l'aide de quelques mots et expressions bien choisis, que l'on sait parler la langue ; enfin, compter sur ses amis pour qu'ils vous aident.

Dans *Bilingual : Life and Reality*, je cite l'exemple de Cyril, un petit Américain de 10 ans venu en Suisse romande pendant un an avec ses parents[13]. Il ne parlait pas français à son arrivée et ses camarades d'école ne connaissaient pas l'anglais. Il a vite appris des expressions toutes faites du type : « Qu'est-ce que ça ? », « Un…, s'il vous plaît », « Tais-toi », « Pousse-toi », « Pas maintenant », etc. Celles-ci se sont allongées et complexifiées rapidement : « Hé, touche pas ; non les mains », « Hé, parlez français, s'il vous plaît ». De leur côté, ses camarades l'ont aidé en simplifiant sensible-ment leur français. Ainsi, un jeune francophone lui a dit : « Moi avoir alligator, te donner » lors d'une pêche miracu-leuse à la fête du village !

D'autres processus concernent les aspects linguistiques. Sans en être conscients, les apprenants doivent aussi obtenir des informations de leurs interlocuteurs sur le fonctionne-ment de la langue et comment on s'en sert, qu'ils se pro-curent à partir des aspects répétitifs du langage utilisés en contexte. Ils font attention à ce qui est dit et supposent qu'il y a un rapport entre le message transmis et les événements qu'ils observent. Souvent, ils devinent de quoi les personnes parlent et mobilisent leurs connaissances linguistiques basées sur leur première langue (catégories, structures, actes langa-giers, etc.), tout en cherchant les équivalents dans la nouvelle langue. Enfin, concernant les processus qui touchent aux aspects cognitifs, et toujours en se fondant sur le contexte, les petits bilingues en devenir doivent découvrir les unités de la nouvelle langue et les règles qui la gouvernent. Pour réussir, ils font appel à des compétences cognitives telles que leurs aptitudes à créer des associations, inférer, analyser, etc., et à des stratégies d'apprentissage.

Comme on l'a vu au chapitre 2, les apprenants passent

par différentes interlangues dans leur cheminement vers une maîtrise de la nouvelle langue. Celle-ci sera caractérisée par des interférences en provenance de la première langue mais également par des traits intralinguistiques, tels que les surgénéralisations, simplifications, hypercorrections, évitements, etc. Revenons à Cyril pour illustrer ce cheminement. Son père lui a demandé de raconter l'histoire du Petit Chaperon rouge chaque mois lors de son séjour en pays francophone et ensuite pendant plusieurs mois à son retour aux États-Unis. Christine Deprez a pris les transcriptions et en a fait une analyse linguistique qui montre clairement les étapes parcourues par ce garçon de 10 ans dans son apprentissage du français[14]. Voici l'histoire après seulement deux mois et demi en Suisse : « Un jour un chasseur téléphone lui's maman et la maman dit : "Moi très très malade." Il dit : "Au revoir" et met le téléphone dans la table et lui dit lui's petit fille : "Toi grand-mère est malade" et le fille dit : "Peut-être moi et toi faire gâteau pour grand-mère." Et le papa dit : "Oui." Après le gâteau est fini, le petit fille met une chapeau rouge, une veste rouge et met le gâteau dans une sac et partit pour voir à la fille grand-mère. » Christine Deprez relève le style télégraphique du récit, les simplifications (suppression de la copule « être » et des articles, usage de l'infinitif à la place des verbes conjugués, utilisation de la forme unique toi/moi comme pronom personnel sujet et comme adjectif possessif, conjugaison réduite à un seul temps, etc.), les restrictions du vocabulaire (usage répété de certains mots), et l'influence de l'anglais (construction possessive de « lui's », antéposition du déterminant dans «la fille grand-mère», confusion du genre et constructions prépositionnelles).

Dix mois plus tard, Cyril a fait de gros progrès : «Un jour un chasseur a téléphoné sa mère et puis il a dit : "Ça va?", puis la grand-mère elle a dit, "J'suis très malade, j'peux pas sortir du lit." Après il a raccroché, puis il a dit à sa p'tite fille : "Ta grand-mère, elle est très malade, tu voudrais faire un gâteau pour elle?" "Oui, Papa", répond la p'tite fille. Quand le gâteau est fini, elle a mis un chaperon rouge et puis elle est partie chez sa grand-mère.» Christine Deprez note que la conjugaison et l'emploi des temps sont presque parfaitement maîtrisés, les distinctions de genre semblent bien acquises, mais la construction verbale indirecte se présente comme un point de résistance à l'acquisition. (Quelques années plus tard, Cyril s'installera définitivement en Suisse avec ses parents, consolidera son français, et deviendra trilingue en ajoutant l'allemand.)

Il est important de souligner que les enfants et adolescents qui apprennent une deuxième langue en contexte, et qui deviennent bilingues après un certain temps, sont très différents les uns des autres. Ils sont issus de groupes culturels, linguistiques et sociaux distincts, leurs âges varient, ils présentent des capacités cognitives différentes, et manifestent des attitudes diverses envers l'acquisition de la langue et le devenir bilingue. Il est normal, donc, qu'ils montrent une grande variabilité dans leur façon d'apprendre une langue et le résultat atteint. Certains, comme Cyril, se lanceront dans la communication, même s'ils produisent de nombreuses erreurs, alors que d'autres seront plus réservés. Le frère cadet de Cyril, Pierre, prudent et plus calme, était justement ce type d'enfant. Alors que Cyril a produit un français approximatif très rapidement, rempli de déviations au niveau de la prononciation, du genre, et des structures grammaticales, Pierre a utilisé une approche différente. Pendant environ trois mois, il n'a presque rien dit en classe, mais lorsqu'il a commencé à parler, son français ne contenait presque aucune erreur. Il parlait sans accent et ses phrases étaient bien formées. Il avait même le toupet de corriger le français de son frère de temps en temps !

Bien entendu, lorsqu'on devient bilingue de manière successive dans un cadre naturel, on atteint un niveau d'aisance conversationnelle et interpersonnelle assez rapidement, mais il faut nettement plus de temps pour parvenir à une maîtrise du langage scolaire, et de la lecture et de l'écriture. Le pédagogue et chercheur canadien Jim Cummins, qui insiste sur ce point depuis de nombreuses années, rappelle que le langage scolaire est complexe car il véhicule des concepts nouveaux, un vocabulaire spécifique et souvent technique, et des constructions grammaticales peu utilisées en langue orale. Il estime que les apprenants d'une langue seconde en milieu naturel mettent au moins cinq ans pour rattraper les élèves monolingues dans ces différents aspects[15].

L'enfant bilingue et ses langues

Si on remplissait, pour un enfant bilingue, une grille de ses connaissances linguistiques et de son utilisation des langues, comme en figure 1, on verrait que les langues sont situées, pour la plupart, à différents endroits. L'une est probablement mieux connue, son utilisation est plus fréquente, et il se peut que ce soit seulement dans cette langue que l'enfant sait lire et écrire. Et si on remplissait un schéma des domaines d'utilisation des langues, comme en figure 2, on observerait sans doute que cette langue se trouve dans un plus grand nombre de quadrilatères, seule ou avec une autre langue. Ainsi serait mis en évidence le fait que les enfants bilingues sont souvent dominants dans une langue.

Dans le bilinguisme simultané, la dominance aboutit à ce que certaines structures se développent plus rapidement dans une langue que dans l'autre. Ainsi, Stephen Burling a été, pendant un petit moment, dominant en garo et il utilisait des sons du garo quand il parlait anglais. Dans sa thèse sur le développement langagier d'Anne, une petite bilingue anglais-français, Paul Kinzel note que la dominance de l'anglais avait un impact sur son utilisation des prépositions (« Je cherche pour le livre » basé sur « *I'm looking for the book* »), du verbe « faire » dans son emploi causatif (« Tu fais ce pistolet marcher » calqué sur « *You make this gun work* »), et du placement des adverbes (« J'aime ça mieux » basé sur « *I like that better* »)[16]. Quant à la dominance langagière chez les bilingues successifs, elle est au départ encore plus nette et influence fortement la langue seconde, comme on le constate dans les interférences qui apparaissent. Ainsi, Cyril, le petit anglophone de 10 ans que nous avons suivi lors de son acquisition du français, produisait des phrases du type

«Pas toucher mon nez» (basé sur «*Don't touch my nose*») et
«Maintenant dit papa la chanson» (calqué sur «*Now tell Daddy the song*»). Mais au fur et à mesure que son français s'améliorait, l'influence de l'autre langue diminuait, comme nous l'avons constaté dans sa production du Petit Chaperon rouge à la fin de son séjour suisse.

En ce qui concerne les modes langagiers, les enfants bilingues apprennent rapidement à naviguer le long du continuum mode monolingue-mode bilingue. À l'une des extrémités, ils sont dans un mode monolingue et cherchent, parfois avec quelques ratés, à n'utiliser qu'une seule langue avec l'interlocuteur; à l'autre, ils communiquent avec d'autres bilingues, choisissent une langue de base et ensuite, si le besoin s'en fait sentir, se servent du parler bilingue. Le linguiste Alvino Fantini a étudié le choix de langue notamment à partir de ses observations des petits Mario et Carla[17]. La personne à qui on s'adresse est le facteur primordial, selon lui. Lorsque les enfants connaissaient l'individu, ils se servaient de la langue qu'il fallait. Le seul problème était quand ils commençaient à bien connaître l'interlocuteur; ils avaient alors envie de passer à l'espagnol et leur anglais contenait donc des alternances de code. Lorsque la personne était étrangère, alors d'autres facteurs intervenaient. Dans un environnement hispanique, ils se servaient de l'espagnol. Au Mexique et en Bolivie, par exemple, ils employaient cette langue, mais aux États-Unis, ils se servaient de l'anglais. Ils étaient donc parfois surpris d'entendre l'espagnol dans un restaurant mexicain au Texas ou d'écouter une émission de radio dans cette langue dans le Vermont.

Si les interlocuteurs semblaient être d'origine latine, Mario et Carla préféraient l'espagnol, mais s'ils ne répondaient pas dans cette langue, alors les deux continuaient en anglais. Le niveau d'aisance dans la langue jouait un rôle important également. Dès l'âge de 4 ans, ils pouvaient évaluer cette variable, et s'il s'avérait que la personne se servait de sa langue faible, alors les enfants changeaient immédiatement de langue. Cela confirme un fait bien connu : les petits bilingues n'acceptent pas facilement de parler la langue faible de l'interlocuteur afin de lui donner un peu de pratique, ce que des adultes supportent mieux. Tous les deux se servaient également de leurs langues pour inclure ou exclure quelqu'un. Par exemple, un jour Mario était dans la cuisine avec sa mère, à qui il parlait normalement espagnol, et avec sa grand-mère avec qui il se servait de l'anglais. Il commença son énoncé en espagnol, la langue de la maison, mais passa rapidement à l'anglais afin d'inclure sa grand-mère dans la conversation. En somme, chez les petits enfants, l'interlocuteur reste le facteur le plus important, suivi de près par le contexte et la fonction de l'interaction. D'autres facteurs, présents chez les adultes, tels que le sujet de la conversation, l'âge et le statut de la personne, ainsi que sa profession, n'entrent en jeu que beaucoup plus tard.

Quant au parler bilingue, au fur et à mesure que les petits bilingues grandissent – dès l'âge de 3 ans chez certains –, ils se servent d'alternances de code pour lever des ambiguïtés, clarifier des énoncés, et pour attirer l'attention. Un peu plus tard, les alternances insistent sur un mot ou une expression ; ensuite viennent celles qui permettent d'élaborer. Bien entendu, leur fréquence dépend de la situation et surtout de l'interlocuteur, comme chez les adultes. Si celui-ci accepte le parler bilingue, elles seront plus fréquentes ; sinon, il y en aura moins. La psycholinguiste Elizabeth Lanza a étudié cet aspect chez une petite bilingue norvégien-anglais de 2 ans, Siri. Sa mère, qui n'utilisait pas le parler bilingue avec elle, faisait semblant de ne pas la comprendre lorsque Siri passait à l'autre langue ou lui posait une question à laquelle elle s'attendait à une réponse affirmative ou négative. Par contre, son père acceptait plus facilement les alternances ; il indiquait qu'il les comprenait en continuant la conversation, et lui-même se servait de temps en temps du parler bilingue. La petite Siri se rendait compte de ces préférences parentales et pratiquait plus le parler bilingue avec son père qu'avec sa mère. Elle penchait vers l'extrémité monolingue du continuum avec sa mère (sans l'atteindre car elle était encore jeune et faisait tout de même appel à l'autre langue de temps en temps), tandis qu'elle était à l'extrémité bilingue avec son père[18].

On l'a dit, c'est à tort que le « mélange des langues » chez les petits bilingues est pris pour un signe que l'enfant peinerait dans ses deux langues. Cette pratique est tout à fait normale chez les bilingues simultanés au début de leur acquisition des deux langues (ils s'en servent surtout lorsqu'il y a une recherche du mot) ; elle diminue en importance avec le temps, comme cela a été démontré par de nombreux psycholinguistes. Chez le bilingue successif, en train d'apprendre une langue, il est tout aussi naturel que la langue dominante intervienne pour l'aider à communiquer. Christine Deprez livre un exemple éclairant d'un enfant dominant en français qui parle anglais à son père américain : «This is my house! You *comprends*, Papa, you can *rattrape* that[19].» («C'est ma maison! Tu comprends, Papa, tu peux rattraper ça.»). Bien entendu, aussitôt que l'enfant aura progressé dans la langue la plus faible, il fera moins appel à l'autre. L'enfant peut également être en mode bilingue lorsque les mélanges sont observés. S'il est en train de parler à quelqu'un qui connaît les deux langues, il est normal qu'il se serve de son bagage linguistique complet pour communiquer avec lui. Enfin, certains enfants grandissent dans des familles où le parler bilingue est la norme; ceux-ci, en découvrant la communication monolingue à l'extérieur de la maison, apprendront alors à se mettre dans le mode adéquat, mais cela prendra parfois un certain temps.

Les jeunes bilingues sont connus pour l'aisance qu'ils montrent dans des situations d'interprétation. Brian Harris et Bianca Sherwood citent le cas d'une jeune fille d'origine italienne, BS, qui interprétait* dans plusieurs langues depuis son plus jeune âge. Sa mère et son père parlaient des dialectes italiens différents et avant même d'avoir 4 ans, BS interprétait de l'un à l'autre. Quand la famille a émigré au Venezuela et a ouvert une épicerie, BS accueillait les clients en espagnol, qu'elle avait appris rapidement, et servait d'interprète pour ses parents. À 8 ans, lorsque la famille est partie pour le Canada, BS est devenue quadrilingue en

---

* Je réserve le terme « traduction » au passage d'une langue à l'autre à l'écrit.

ajoutant l'anglais à son répertoire. Elle continuait à aider ses parents et interprétait les appels téléphoniques, les conversations avec les visiteurs, les programmes de télévision, etc. Elle se servait de l'interprétation simultanée ou, ce qui est un peu moins astreignant, de l'interprétation consécutive. De plus, BS assumait le rôle de liaison entre ses parents et les membres de la majorité anglophone. Elle expliquait à ses parents pourquoi certaines choses se faisaient de telle manière, et elle était la personne à qui on faisait appel lors de négociations d'affaires, pendant lesquelles elle devait souvent limiter les éclats de son père. Par exemple, son père lui demande de dire à son interlocuteur qu'il est un crétin. BS, fine diplomate malgré son jeune âge, l'informe que son père n'accepte pas son offre, ce sur quoi le père, qui comprend tout de même un peu l'anglais, lui demande en italien pourquoi elle n'a pas dit ce qu'il lui avait demandé d'énoncer[20]!

Comme la petite BS, de nombreux enfants de familles où l'on parle une langue différente de la langue majoritaire rendent ce type de services à leurs parents et à leur famille étendue. Dans mes propres recherches sur la langue des signes des sourds, j'ai rencontré de nombreux enfants entendants de parents sourds ayant été interprètes dès leur plus jeune âge. Cela posait parfois des problèmes, comme lorsqu'il fallait demander à la standardiste un numéro de téléphone ou passer une commande chez un fournisseur ; l'interlocuteur insistait pour parler à la mère ou au père et le jeune enfant devait alors dire qu'ils étaient sourds. Guadalupe Valdés, qui a travaillé sur les stratégies adoptées par ces enfants interprètes, a noté qu'ils arrivaient à maintenir un débit naturel tout en donnant l'information essentielle au niveau linguistique et prosodique, et à contourner les limites qu'ils rencontraient au niveau du vocabulaire. Elle en conclut que ces enfants avaient toutes les caractéristiques d'individus particulièrement doués au niveau cognitif[21].

Terminons avec les jeux de langues. Il est bien connu que les enfants monolingues jouent avec la langue : ils produisent des rimes, fabriquent des néologismes, créent des phrases anomales… Les enfants bilingues font de même, en profitant de leurs langues pour innover. Dans une présentation peu remarquée à l'époque, le linguiste français Yves Gentilhomme se souvient de son bilinguisme d'enfance français-russe et de sa façon de s'amuser avec d'autres bilingues. Par exemple, ils empruntaient un mot français comme « assiette », lui donnait une terminaison de l'accusatif russe, et l'intégraient dans une phrase russe, ce qui donnait « *Daj mne asjetu* ». À d'autres moments, ils prenaient des expressions idiomatiques comme « mon petit chou », les traduisaient littéralement en russe, ce qui ne voulait plus rien dire, et les énonçaient en gardant tout leur sérieux[22]. Autre jeu que l'on trouve chez les enfants bilingues : imiter les membres de leur famille qui parlent avec un accent, alors qu'eux-mêmes n'en ont pas. Ils peuvent aussi transgresser la langue de la maison, en parlant à leurs parents dans la langue de l'extérieur, ou bien faire des alternances de code intraphrastiques, ce que certains parents désapprouvent car ils tiennent à ce que l'enfant reste en mode monolingue. Cela ne les empêche en rien de continuer à le faire et ainsi à froisser les adultes.

Après tout, n'est-ce pas Mark Twain qui a dit un jour : « Le jeu, c'est tout ce qu'on fait sans y être obligé » ?

En famille

Consciemment ou non, les parents adoptent diverses approches langagières pour développer le bilinguisme de leurs enfants. Différents facteurs viennent les affecter, voire les transformer, au fur et à mesure que l'enfant grandit.

Les approches des parents

Parmi les approches que nous décrirons[23], certaines sont adoptées dès la naissance de l'enfant, alors que d'autres peuvent intervenir à ce moment-là ou plus tard dans la vie de l'enfant. La plus connue, presque devenue une doctrine pour certains, est celle dite « une personne, une langue » (ainsi que Ronjat l'appelle dans son livre), où chaque parent parle une langue différente à l'enfant. Un des avantages est que l'enfant reçoit un double bagage linguistique dès le début et ce de manière naturelle, ce qui lui permet de développer un bilinguisme simultané. De plus, comme souvent les parents ne partagent pas la même première langue, cela permet à chacun de se servir de la langue qu'il connaît le mieux. Le risque, cependant, est que, l'une des deux langues étant probablement minoritaire dans la région ou le pays, l'enfant glisse, surtout avec le début de l'école, vers l'utilisation unique de la langue la plus importante, d'autant plus si les parents sont eux-mêmes bilingues. La psycholinguiste belge Annick De Houwer, qui a longuement étudié les différentes approches utilisées avec les très jeunes enfants bilingues, a trouvé, dans une enquête portant sur près de 2 000 familles, qu'il y avait au moins une chance sur quatre que l'enfant ne devienne pas bilingue avec cette manière de faire[24]. Cela dit, il y a toujours moyen de changer d'approche avec les années qui passent. Mais au tout début du langage, «une personne, une langue» offre de nombreux avantages.

L'approche «une langue à la maison, l'autre à l'extérieur» est celle qui fonctionne le mieux selon des études récentes. Ici, les parents décident souvent de parler la langue minoritaire à l'enfant à la maison et laissent l'autre – normalement la langue majoritaire – être celle des contacts à l'extérieur. Pour certaines familles, il s'agit d'une approche planifiée à l'avance, alors que pour une majorité d'autres, notamment celles qui habitent dans un pays qui n'est pas le leur à l'origine, elle correspond à la manière de faire la plus naturelle. Une différence entre ces deux types de familles est que les premières appliquent l'approche d'une manière plus stricte, afin de s'assurer que l'enfant acquiert plus aisément la langue familiale. Dans son enquête, Annick De Houwer a montré que si les deux parents utilisent bien la même langue à la maison, alors le succès de la transmettre, avec la langue de l'extérieur, augmente sensiblement. Certes, cette approche a quelques inconvénients, le premier étant qu'un des parents doit peut-être accepter de parler sa deuxième, ou même sa troisième langue à son enfant. L'autre est que la langue de la maison devra de toute façon être renforcée lorsque la langue de l'extérieur fera des avancées dans le domicile par le biais de la télévision, d'amis des parents et des enfants, d'activités liées à l'école, etc.

Une troisième approche, «une langue d'abord, ensuite l'autre», est également très répandue et à la base du bilinguisme de nombreux enfants. Dans les familles qui pratiquent cette approche, la première langue de l'enfant est souvent la langue minoritaire, mais cela n'est pas toujours le cas (voir les enfants qui entrent dans des programmes d'éducation bilingue par la suite), et les parents s'en servent de manière exclusive pendant les premières années, normalement jusqu'à ce que l'enfant entre à l'école. Cela permet de bien l'ancrer avant que l'autre langue n'entre dans la vie de l'enfant. Certes, comme pour l'approche précédente, l'un des parents doit probablement accepter de parler sa deuxième ou troisième langue, et il faut s'assurer que toutes les activités et interactions de l'enfant au début se passent dans la première langue, mais l'intérêt est qu'elle sera bien établie avant l'arrivée de l'autre.

Mentionnons rapidement deux autres approches. Il y a d'abord celle qui spécifie quand chaque langue doit être utilisée, l'une le matin et l'autre l'après-midi, par exemple, ou l'une la première moitié de la semaine et l'autre la seconde. Cette manière de faire est souvent pratiquée à l'extérieur de la famille, avec des résultats positifs, comme dans les programmes bilingues à l'école. Il existe aussi l'approche libre, selon laquelle on se sert des langues d'une manière interchangeable selon la situation, le contenu de l'échange, la personne à qui on s'adresse, etc. Avec ces deux dernières approches, il existe à nouveau le danger que la langue majoritaire, souvent celle de l'extérieur, devienne vite dominante lorsque l'enfant entre en contact avec elle par le biais d'amis, de l'école ou d'autres activités faites en dehors de la maison.

Les facteurs de changements

De nombreux facteurs viennent influencer le bilinguisme de l'enfant au fur et à mesure qu'il grandit, en premier lieu le bilinguisme des parents, qui fait que l'enfant est souvent face à un adulte qui partage ses langues. Cela incite à se mettre en mode bilingue et à choisir une langue selon différents critères, notamment celui de l'aisance que l'on a dans celle-ci. Un enfant qui peine avec une langue face à un parent qui connaît bien les deux mais qui exige l'autre aura tendance à glisser vers la langue la plus facile, souvent la langue majoritaire, soit en la choisissant comme langue de base, soit en faisant de nombreuses alternances de code et de nombreux emprunts. Que de fois n'entendons-nous pas un parent se plaindre qu'il parle la langue x à l'enfant et que celui-ci lui répond en langue y. J'ai souvent dit, avec un sourire, que le plus grand détracteur du bilinguisme d'un enfant est le bilinguisme de ses parents !

Face à l'enfant qui communique avec eux dans la « mauvaise langue », certains parents réagissent en se fâchant, ce qui peut créer un climat de conflit sans pour autant améliorer la situation. Mieux vaut s'assurer soit que l'enfant se trouve de temps en temps en mode monolingue dans la langue en question, avec des membres de la famille, d'autres adultes (nourrice, etc.) ou des amis de jeu qui ne connaissent qu'une seule des deux langues, soit qu'il se retrouve dans des contextes extérieurs où une seule langue est normalement utilisée. Ainsi, à leur retour aux États-Unis, les parents bilingues des petits Cyril et Pierre ont mis en œuvre différentes approches «douces» afin de maintenir le français nouvellement acquis de leurs enfants. Tout d'abord, ils ont recherché des familles francophones récemment arrivées dans l'espoir que les enfants deviennent amis. Pendant plusieurs mois, Cyril et Pierre ont été obligés de parler français avec eux – jusqu'à ce que leurs copains acquièrent l'anglais, ce qui s'est fait très vite! Les parents ont également invité plusieurs de leurs camarades suisses à venir passer quelques semaines chez eux, aux États-Unis – ce qui assurait une ambiance totalement monolingue car ces enfants ne connaissaient pas l'anglais. Enfin, la famille est retournée régulièrement en Suisse et en France, afin que les enfants se ressourcent naturellement. Produire des occasions de mettre un enfant bilingue en mode monolingue dans la langue faible a au moins deux avantages : il recevra un apport linguistique supplémentaire dans cette seule langue, ce qui lui permettra de l'acquérir et ensuite de la maintenir, et il s'exercera aussi, par ce biais, à naviguer le long du continuum mode monolingue-mode bilingue afin d'ajuster son langage à l'interlocuteur et à la situation.

Christine Deprez a relevé d'autres facteurs qui affectent l'approche utilisée par les parents[25]. Le premier concerne les autres enfants de la fratrie. Il est bien connu que l'aîné parle mieux la langue minoritaire que les suivants, car l'autre langue, celle de l'extérieur normalement, a eu moins d'emprise sur lui que sur les suivants. Mais aussitôt que l'aîné sort pour jouer avec d'autres enfants, puis pour être scolarisé, il va lui-même ramener la langue majoritaire à la maison et s'en servir avec ses jeunes frères et sœurs. Barbara Abdelilah-Bauer souligne que le premier enfant jouit de l'attention exclusive des parents et reçoit ainsi un apport langagier dans la langue minoritaire. Mais à l'extérieur, et notamment à l'école, il fait partie de réseaux nouveaux où l'on parle exclusivement la langue dominante, qu'il introduira à la maison. C'est souvent à ce moment-là que certains parents changent d'approche, passant de « une personne, une langue » à « une langue à la maison, l'autre à l'extérieur », par exemple, afin de renforcer la langue minoritaire chez l'enfant[26].

Le désir d'intégration ressenti par l'enfant, pour qu'il ne se sente pas différent de ses camarades et participe pleinement à la société environnante, est aussi important. Parfois un sentiment de honte naît vis-à-vis de la langue de la maison, perçue comme moins prestigieuse, et de la manière « étrangère » des parents de parler la langue de la majorité. L'écrivain anglophone Richard Rodriguez, d'origine hispanique, mais devenu presque entièrement monolingue en anglais dans sa jeunesse, l'exprime très bien : « Entendre mes parents se débattre avec la langue anglaise m'ébranlait. À les écouter, je devenais nerveux; ma confiance aveugle en leur protection et en leur pouvoir fléchissait[27]. » Olivier Todd rapporte quant à lui que sa mère, britannique d'origine, « avait un accent anglais qui [l']irritait comme un morceau de viande coincé entre deux dents » : « On nous remarquait dans la rue et les magasins. Parfois, je prétendais ne pas connaître cette femme, qui ne passait pas inaperçue. J'avais honte de ses chapeaux mauves et de son accent[28]. » Le fort désir d'intégration chez les enfants bilingues et le souci de ne pas être différents des autres ont été illustrés d'une manière intéressante par Stephen Caldas et Suzanne Caron-Caldas dans une étude longitudinale de leurs trois enfants, bilingues anglais-français[29]. La famille habite la Louisiane pendant l'année scolaire et au Québec en été. Aux États-Unis les enfants insistent pour parler à leurs parents en anglais, à l'extérieur comme à l'intérieur de la maison, alors qu'au Québec la langue d'échange entre enfants et parents est le français, car leurs camarades là-bas sont francophones. Les auteurs parlent d'un monolinguisme parallèle chez leurs enfants – une forme de bilinguisme très particulière.

La scolarisation des enfants, quelle que soit leur position dans la fratrie, aura des conséquences majeures sur leur bilinguisme. Non seulement la langue majoritaire fera des progrès considérables en peu de temps en étendant ses domaines d'utilisation, mais la langue minoritaire commencera à être moins utilisée, jusqu'à atteindre parfois un stade d'attrition. Comme le dit Malika Bensekhar-Bennabi, cette perte « peut se produire dans les situations où la rencontre avec la langue seconde fragilise la langue maternelle, en particulier si cette dernière n'est pas considérée comme un objet culturel valide et si elle n'est pas durablement investie dans des échanges affectifs et culturels authentiques[30] ». De plus en plus de professionnels travaillant dans les unités de santé mentale, comme la psychologue et psychothérapeute Francine Couëtoux-Jungman et ses collègues, encouragent désormais la transmission et la pratique de la langue maternelle des enfants migrants, car elle permet la structuration de savoirs qui facilitent l'acquisition de la langue du pays d'accueil et renforce l'ancrage des enfants dans leur filiation[31].

Parfois, un changement important dans la configuration linguistique de l'enfant, renforcé par un changement de pays ou une séparation, peut être accompagné d'un mutisme sélectif dans la langue extérieure de plus ou moins longue durée. Des parents et de nombreux enseignants de classe maternelle ont signalé ce silence momentané chez les enfants d'origine étrangère et/ou en devenir bilingue qui, soudainement, se trouvent confrontés à une nouvelle langue. Dalila Rezzoug, Sylvaine de Plaën, Malika Bensekhar-Bennabi et Marie Rose Moro confirment que ces enfants parlent sans difficulté quand ils sont avec leurs parents à la maison, mais deviennent muets à l'extérieur, à l'école ou en présence de personnes qu'ils ne connaissent pas[32]. Le mutisme, qui n'est pas normalement un sujet d'inquiétude, peut le devenir lorsqu'il persiste de nombreux mois, ce qui est exceptionnel. Il nécessite alors une prise en charge par des experts, comme ceux du service de psychopathologie de l'enfant et de l'adolescent à l'hôpital Avicenne à Bobigny. En effet, comme l'explique Malika Bensekhar-Bennabi, « si le mutisme perdure malgré un étayage relationnel et communicatif suffisant, il peut par rétroaction, isoler, fragiliser la personnalité, diminuer l'appétence au langage, et en conséquence retentir sur la scolarité[33] ».

Non seulement la scolarisation dans une nouvelle langue, ou dans la langue faible si elle est déjà connue, peut avoir un impact sur l'enfant, mais elle peut l'avoir également sur la famille en général et notamment sur les parents. Dalila Rezzoug et ses collègues rapportent ainsi le cas de Mme A[34]. D'origine algérienne, mère de quatre enfants, Mme A dit lors d'une consultation que ses deuxième et troisième enfants, nés en France, ont parlé l'arabe jusqu'à l'entrée en maternelle, mais après quelques mois de scolarisation, ils ont commencé à répondre à leurs parents en français. Le dernier-né de la fratrie a appris à parler français avec les aînés avant l'école maternelle et n'a jamais eu un niveau d'arabe comparable à eux. Mme A dit avoir vécu difficilement la perte de l'arabe des trois derniers enfants, car elle ne peut pas parler librement avec eux et souffre de ne pas être toujours comprise. Elle se sent isolée et dévalorisée. De son côté, Richard Rodriguez a été le témoin direct d'un changement lorsque les enfants ont délaissé l'espagnol pour passer à l'anglais : « Un calme inédit régnait à la maison. Ce calme était dû en partie au fait que nous autres, enfants, en apprenant de plus en plus d'anglais, partagions de moins en moins de mots avec nos parents. Il fallait articuler les phrases très lentement quand nous nous adressions à notre mère ou à notre père[35]. »

Malgré ce qui vient d'être dit, normalement le bilinguisme familial se passe bien, comme le montre une enquête effectuée par Christine Deprez[36] qui a interrogé, par questionnaire et/ou par entretien, 500 enfants de 12 à 16 ans et une soixantaine d'adultes en région parisienne sur leurs usages des deux langues en famille. Quatre enfants sur cinq déclarent comprendre la langue de leurs parents très bien ou bien, et trois enfants sur quatre la parlent très bien ou bien. Comme l'explique l'auteur, ces résultats invalident l'idée que le bilinguisme est « passif » et donc probablement transitoire. Quant aux pratiques langagières dans la famille, 14 % utilisent uniquement le français, 8 % uniquement l'autre langue, alors que près des quatre cinquièmes se servent des deux langues, soit en mode alterné (une seule langue est attribuée à chaque situation) soit, dans une proportion nettement plus importante (plus de 50 %), en mode synchrone (chaque locuteur peut passer d'une langue à l'autre à tout moment). On voit que l'approche dite libre décrite plus haut a tendance à primer même si, au départ, une autre approche a été planifiée, sinon utilisée.

Accompagner l'enfant bilingue

Afin d'accompagner un enfant dans son bilinguisme, il est important que parents, membres de la famille étendue, nourrices, tout comme les éducateurs, professionnels de la santé, etc. soient familiers de ce qu'est le bilinguisme et conscients des idées reçues qui l'entourent. Il est important qu'ils sachent ce que veut dire être bilingue (voir chapitre 2) et puissent faire la différence entre l'utilisation d'une langue et la connaissance de celle-ci. Dans les familles bilingues, les deux facteurs sont présents, alors qu'en classe de langue ou même dans certains programmes bilingues, le facteur connaissance prime et les enfants sont donc des bilingues potentiels. Les parents doivent aussi se rendre compte de l'importance du principe de complémentarité, qui contrôle tant de phénomènes dans la vie du bilingue, et des modes langagiers (monolingues, bilingues) qui gouvernent à tout moment son comportement. De plus, avoir quelques connaissances sur le développement du bilinguisme chez l'enfant (acquisition simultanée ou successive) permet de comprendre les étapes d'acquisition des langues et les raisons pour lesquelles un enfant «mélange» ses langues au départ ou refuse de parler une des langues avec un adulte. Enfin, à propos des familles avec trois langues, il faut savoir, selon Annick De Houwer[37], que ce qui donnera les meilleurs résultats est d'utiliser les deux langues faibles (minoritaires) à la maison et la langue majoritaire à l'extérieur, si possible les deux parents parlant les langues faibles aux enfants.

Les idées reçues doivent être connues : le bilinguisme serait rare, être bilingue signifierait une maîtrise parfaite et équilibrée de deux langues, en plus parlées sans accent, le bilingue acquerrait ses langues dans sa jeune enfance, le bilinguisme affecterait négativement le développement cognitif des enfants. Encore une fois, tout cela est faux. Les chercheuses canadiennes Johanne Paradis, Martha Crago et Carole Bélanger s'insurgent contre des opinions erronées encore trop souvent répandues dans la société, et même chez certains enseignants et orthophonistes, à savoir que l'apprentissage simultané de deux langues crée une confusion chez l'enfant et retarde son développement langagier, ou que le bilinguisme constitue une charge trop lourde pour ceux atteints d'un trouble du langage (ce qui a pour conséquence que l'on conseille trop fréquemment aux

117

parents d'élever ces enfants dans un contexte monolingue) :
«Il n'existe aucune preuve systématique et empirique
pour appuyer ces idées reçues[38].» Certes, certains enfants
bilingues souffrent de troubles du langage, mais propor-
tionnellement ils ne sont pas plus nombreux que les enfants
monolingues, comme le montre une étude faite par Magali
Kohl et dix autres collègues docteurs, orthophonistes et
psychologues qui ont repris et analysé l'évaluation multi-
disciplinaire, sur quatre journées, de 47 enfants de près de
5 ans élevés soit dans un environnement monolingue, soit
dans un environnement bilingue[39]. Le résultat est clair : la
proportion d'enfants atteints d'un trouble spécifique du
langage (dysphasies) est la même dans le groupe des bilingues que dans le groupe des monolingues. Ce type d'étude
– et il y en a bien d'autres du même genre[40] – pousse les
spécialistes à dire désormais aux parents d'enfants bilingues,
sans ou avec une déficience langagière, de maintenir leur
bilinguisme et de ne pas éliminer une langue, car cela peut
avoir des conséquences négatives au niveau psychologique,
social et pédagogique.

Je conseille aussi aux parents, de plus en plus nombreux à
s'intéresser activement au bilinguisme, d'établir un «projet
linguistique», dans lequel ils envisagent le parcours que leur
enfant suivra pour devenir et/ou rester bilingue. Ils peuvent
pour s'y aider répondre aux questions suivantes.

• Quand ajouter une autre langue?
Répétons-le, il est possible d'ajouter une deuxième
langue et de devenir bilingue à tout moment de la vie : dans

l'enfance, dans l'adolescence et même à l'âge adulte. Selon Stefka Marinova-Todd, D. Bradford Marshall et Catherine Snow[41], ceux qui déclarent que le plus tôt est préférable ne tiennent pas compte d'un certain nombre de vérités : les enfants plus âgés sont de meilleurs apprenants d'une langue seconde au niveau cognitif que les très jeunes enfants, les structures neuronales sont les mêmes pour les apprenants précoces et tardifs, et les apprenants tardifs peuvent réussir tout aussi bien que les précoces. Il est bon de garder cela à l'esprit lorsque l'on planifie le début du bilinguisme d'un enfant.

• Quelle approche linguistique veut-on adopter à la maison ?

Toute approche qui fonctionne dans une famille est forcément une bonne approche[42]. Mais si l'on constate qu'une ne fonctionne plus (l'enfant a tendance à passer, ou à revenir, au monolinguisme), il ne faut pas hésiter à la changer et à en adopter une autre.

• L'enfant ressentira-t-il un réel besoin d'utiliser chaque langue ?

S'il perçoit véritablement la nécessité de se servir de deux ou de plusieurs langues, il deviendra bi- ou multilingue ; si le besoin s'estompe, il passera au monolinguisme. Une langue sert à communiquer avec les parents ou les proches, participer à des activités avec d'autres enfants à l'école ou sur le terrain de jeu, interagir avec des personnes dans l'entourage de la famille ou le quartier… Si le besoin d'interaction est présent, et que d'autres facteurs sont favorables (voir ci-des-sous), alors il acquerra la langue. Si le besoin disparaît, ou n'a jamais vraiment été présent, comme dans le cas où l'un des parents parle couramment l'autre langue mais prétend l'inverse, alors la langue sera peu à peu oubliée, en passant éventuellement par un refus de la parler, au grand dam des parents.

• Que sera l'apport linguistique dont l'enfant a besoin pour acquérir et ensuite maintenir une langue?

L'apport peut être bilingue (on y trouvera parfois des alternances de code et des emprunts) mais devra aussi être monolingue, émis par des personnes qui ne connaissent qu'une des deux langues. Plus tard, la langue écrite sera une aide primordiale pour le développement du vocabulaire, de la syntaxe mais également des aspects culturels.

• Quels sont les soutiens disponibles pour renforcer le bilinguisme de l'enfant?

L'utilisation des langues, notamment la langue minori-taire, par d'autres membres de la famille, comme les grands-parents, et les personnes qui s'occupent du petit bilingue à différents moments, sera précieuse car, outre l'apport lin-guistique, cela montrera la valeur attachée à chaque langue. Les enfants étant très sensibles aux attitudes envers les lan-gues et le bilinguisme, il est important qu'elles soient le plus positives possible. Une autre source de soutien devra venir de professionnels comme les enseignants, psycho-logues, orthophonistes, linguistes, etc. S'ils possèdent des connaissances au sujet du bilinguisme, ils pourront discuter avec les parents et les aider à démêler les idées reçues et la réalité. Il ne faut pas non plus oublier la contribution de nombreuses associations qui ont vu le jour ces derniers temps et qui ont pour objectif d'encourager et de favoriser le bilinguisme dans la famille (par exemple Le Café bilingue[43]).

Permettre à un enfant de devenir bilingue est une manière de lui donner un atout linguistique et culturel supplémentaire dans la vie, sans parler d'autres avantages personnels maintenant bien établis (voir chapitre 4). Une planification réfléchie de l'acquisition et du maintien des langues de l'enfant par les parents devrait empêcher d'éventuelles déceptions et aboutir à un bilinguisme stable et réussi.

À l'école

La famille joue un rôle primordial, mais l'impact de l'école est tout aussi important. Dans un livre de ce genre, nous n'avons malheureusement pas la place de faire un tour d'horizon complet des différentes filières des écoles publiques et privées, de la maternelle au lycée, qui s'occupent de l'enseignement des langues et du développement du bilinguisme. Par contre, nous allons prendre un peu de recul et nous concentrer sur deux types d'école : celle qui décourage le bilinguisme, notamment celui des enfants appartenant à une minorité linguistique, et celle qui favorise la connaissance et l'utilisation de différentes langues en plus du français.

L'école qui décourage le bilinguisme

On pourrait penser que si un enfant connaît déjà une langue minoritaire en arrivant à l'école, tout sera mis en œuvre pour l'aider à la maintenir tout en favorisant l'acquisition de la langue majoritaire, qu'il devra maîtriser à l'oral et à l'écrit et qu'il utilisera dans ses études et dans sa vie sociale et professionnelle. Or il est rare qu'un État-nation qui défend sa ou ses langues officielles soit suffisamment éclairé pour reconnaître le bien-fondé de ce type de bilinguisme. Certes, il saura encourager un bilinguisme dans la langue majoritaire et dans une langue prestigieuse comme l'anglais, ou une langue régionale, mais il fera peu ou pas d'effort pour un bilinguisme qui concerne une langue minoritaire «étrangère», alors que parfois celle-ci est présente dans le pays depuis des générations et largement parlée.

Tout sera donc fait pour que l'enfant passe d'un monolinguisme dans sa langue première à un monolinguisme dans la langue majoritaire, en restant le moins de temps possible à l'étape du bilinguisme. L'école n'utilisera que la langue majoritaire comme langue d'instruction et ne prendra pas en compte, voire sanctionnera la langue minoritaire de l'enfant. Nous avons tous entendu parler des punitions infligées par les enseignants de l'école française au XIXᵉ et au début du XXᵉ siècle, lorsque les enfants se servaient, bien naturellement, de leur langue première en classe, principalement une langue régionale : coups de règle sur les doigts, mais aussi «symbole» (ou «signal» ou «vache»); il était donné au premier de la journée qui parlait sa langue maternelle, passait au suivant qui faisait de même, et à la fin de la journée, celui qui se retrouvait avec le symbole était puni.

Les châtiments ont-ils totalement disparu de nos écoles du XXIe siècle ? Malheureusement pas. Ainsi au Québec, chaque école primaire et secondaire possède un code de vie qui lui est propre et qui précise un certain nombre de règles essentielles ainsi que les sanctions prises si elles ne sont pas respectées. Le code de vie est signé à la fois par l'élève et l'un de ses parents. Parmi ces règles, on trouve l'obligation d'utiliser uniquement le français, dans les cours mais également en dehors de ceux-ci. Ainsi, le code de vie de l'école secondaire Pierre-Laporte à Montréal indique au sujet du français, «langue d'enseignement et langue d'usage» : «Parce que l'école secondaire Pierre-Laporte est une école francophone, je m'exprime en français en tout temps, sauf lors des cours d'anglais et d'espagnol.» Dans la rubrique «Conséquences prévues lors d'un manquement au code de vie», figurent les punitions suivantes pour ce genre de faute : «retenues, travaux communautaires, reprises de temps en journée pédagogique, et reprises de temps le samedi». En lisant cette liste, on se croirait de retour au début du siècle passé ! Ne pas comprendre qu'un enfant non francophone puisse trouver un secours dans sa langue maternelle, dans les cours et pendant les récréations, montre une méconnaissance totale de la psychologie de l'enfant allophone en devenir bilingue.

L'autre approche, encore utilisée par certains enseignants,

est de convoquer les parents, ou de rendre visite à la famille, et de leur «conseiller» de se servir de la langue de l'école à la maison «afin que l'enfant progresse au mieux» et «n'ait pas d'ennuis plus tard», comme si on ne pouvait pas acquérir une langue, et bien la maîtriser, tout en maintenant sa première langue. Richard Rodriguez se souvient : «Un jour – c'était un samedi matin –, trois sœurs arrivèrent à la maison pour discuter avec nos parents... "Vos enfants ne parlent-ils qu'espagnol à la maison, madame Rodriguez?" [...] "Ne serait-il pas possible pour vous et votre mari d'inciter vos enfants à s'entraîner à parler anglais à la maison?" Bien entendu, mes parents acquiescèrent. Que n'eussent-ils fait pour le bien-être de leurs enfants[44]?» Plus près de nous, Marie Rose Moro, pédopsychiatre et psychanalyste de renommée, cite le cas du petit Makan, d'origine malienne, dans son école française. Les enseignants ont dit à sa mère : «Votre enfant souffre de troubles du langage, il faut arrêter de lui parler votre langue, car vous le coupez des apprentissages d'ici et vous entravez sa réussite.» Désirant le bien-être de son enfant, la mère a arrêté de lui parler soninké du jour au lendemain! Le commentaire de la pédopsychiatre est cinglant : «Contraindre cette femme à parler français à son enfant était une ineptie tant sur le plan linguistique que psychologique[45].»

Il n'y a qu'à se rendre dans les classes où se trouvent des enfants de minorités linguistiques pour se rendre compte que nombre d'entre eux, au moins au début, ne comprennent pas la langue de l'école. Comme l'a dit une jeune fille turque aux chercheuses Jeanne Gonac'h et Fabienne Leconte au sujet de ses premières semaines à l'école maternelle française : « Je parlais avec personne à l'école, je comprenais rien, y avait personne qui jouait avec moi[46]. » À défaut d'être entourés d'autres élèves connaissant leur langue, ces enfants sont souvent isolés et souffrent d'un sentiment d'insécurité. De plus, ils vont prendre du retard dans les matières scolaires pendant qu'ils apprennent la langue majoritaire. Et même s'ils la connaissent déjà un peu, la langue de l'école, avec son vocabulaire plus technique, ses concepts difficiles, ses structures grammaticales complexes, sans parler de l'apprentissage de la lecture et de l'écriture dans une langue inconnue, continuera à leur poser des problèmes pendant plusieurs années. Rappelons-le, Jim Cummins estime à cinq ans le temps que cela peut prendre pour rattraper ce retard linguistique.

Certes, les enseignants eux-mêmes – et ils sont nombreux – peuvent tenter de donner un peu de confiance et de chaleur à ces enfants. Au petit Américain Cyril qui ne connaissait pas le français à la rentrée scolaire, son instituteur a gentiment dit : « Tu vois, toi tu vas apprendre le français et moi je vais apprendre l'anglais ! » Et Marie Rose Moro se souvient encore des paroles aimables de son institutrice : « Vers 6 ans, il m'arrivait de mélanger les mots français et espagnols. Un jour, j'ai dit à mon institutrice que j'avais perdu ma bouffande. En espagnol, *boufanda* veut dire "cache-nez". Elle m'a répondu : "Ça, c'est de la poésie !" Au lieu de me faire ressentir de la honte, elle m'a donné le sentiment d'avoir "inventé" un mot, ce dont j'ai été très fière[47]. »

Ce type de soutien personnel est indispensable, mais il faut également qu'il y ait une politique d'accueil cohérente au niveau institutionnel. L'approche classique est d'offrir un enseignement spécifique de la langue majoritaire. Ainsi, les élèves allophones nouvellement arrivés en France suivent des cours de français seconde langue au sein de classes d'initiation pour non-francophones (CLIN). Tout en étant inscrits en classe ordinaire, ils se retrouvent pour des cours de langue et pour être initiés au fonctionnement du système scolaire français avec son lexique spécialisé. D'autres pays offrent des cours similaires, dans lesquels l'accent est mis sur l'apprentissage intensif de la langue de l'école, pour une durée limitée. Malheureusement, ces enseignements plutôt traditionnels ne sont pas toujours d'une très grande utilité. À cela s'ajoute le fait qu'en étant ainsi séparés de leurs camarades de classe, les enfants sont perçus comme différents et ils en souffrent souvent. Et rien n'est fait pour les aider à maintenir leur langue d'origine pendant que cette transition a lieu.

Une autre approche, plus douce, est proposée par les programmes bilingues de transition. Les enfants reçoivent un enseignement dans leur langue d'origine pendant une période limitée – de un à quatre ans selon le pays – et, peu à peu, on y intègre la langue de l'école. Les avantages sont nombreux : ils commencent l'école avec une langue qu'ils connaissent ; ils peuvent communiquer facilement avec l'enseignant et leurs camarades ; ils progressent dans les matières de l'école tout en acquérant la langue seconde ; enfin, les compétences, stratégies et approches développées en lecture et en écriture dans la première langue sont peu à peu transférées à la deuxième. Certes, aucun effort n'est fait à la fin du programme pour maintenir la première langue, car l'objectif reste le développement d'une compétence suffisante dans la langue majoritaire, afin de suivre le reste de la scolarité dans celle-ci. Il y a donc toujours passage d'un monolinguisme (dans la langue minoritaire) à un autre monolinguisme (en langue majoritaire), avec une courte période de bilinguisme à l'école, mais au moins cela tient compte du bien-être psychologique et social de l'enfant confronté à une nouvelle langue et à une nouvelle culture.

Ces programmes de transition existent depuis des décennies dans de nombreux pays (mais pas en France) et, déjà au siècle dernier, ils suscitaient des échos favorables. Andrée Tabouret-Keller cite ainsi l'inspecteur en chef du bureau de l'Éducation au pays de Galles en 1911 : «Un enfant gallophone de 9 ans enseigné dans sa première langue d'abord, écrira l'anglais et le lira de manière plus intelligente qu'un autre enfant gallophone de 11 ans enseigné exclusivement en anglais dès son premier jour d'école[48].»

Philippe Martel pose une question cruciale au sujet de la politique linguistique de la France dans le domaine de l'éducation : «Pourquoi, dans un pays marqué depuis tant de siècles par la diversité linguistique, a-t-on choisi la démarche du monolinguisme le plus absolu[49] ?» Il existe en fait un paradoxe dans la politique de l'éducation des langues, selon Christine Hélot, «une réticence à aborder de front la question des langues minorées, de leurs locuteurs

127

et de leurs besoins spécifiques autrement qu'en termes de déficit[50]», alors que l'on trouve une politique marquée par un réel désir d'améliorer l'enseignement des langues. Comment expliquer, demande-t-elle, que «des élèves bilingues redeviennent monolingues à l'école, cette même école leur offrant des programmes bilingues dans des langues autres que les leurs»?

La sociolinguiste Jacqueline Billiez, qui a tant œuvré pour faire reconnaître les langues minoritaires en France et qui a tant fait, avec quelques autres, pour faciliter l'acceptation des personnes bilingues et notamment des enfants issus de l'immigration, estime que «les changements se produiront "par le bas", c'est-à-dire que ce sont les locuteurs qui deviennent de plus en plus bi-plurilingues dans un contexte mondialisé face à une institution (l'Éducation nationale) qui a beaucoup de mal à se réformer en profondeur. Et ce seront les enseignants des écoles maternelles et primaires qui seront les moteurs des évolutions, en maintenant au centre de leur action pédagogique la préoccupation de l'enfant dans toutes les facettes de son développement[51]».

L'école qui encourage le bilinguisme

Il existe en fait de nombreuses manières de promouvoir les langues et le bilinguisme, afin que les enfants de la langue majoritaire acquièrent une deuxième langue et que ceux qui sont natifs d'une autre langue apprennent la langue du pays tout en maintenant leur langue d'origine. Dans la préparation à cet apprentissage, l'éveil aux langues[52], qui fait partie de la didactique du plurilinguisme, permet aux enfants de se familiariser avec plusieurs types de langues, leur fonctionnement et leur utilisation, et de les motiver à les apprendre plus tard. Un intérêt supplémentaire est qu'il valorise les enfants qui connaissent déjà une langue et qui peuvent en parler et illustrer leurs connaissances.

L'enseignement traditionnel des langues, qui reste l'approche dominante dans les programmes scolaires, ne transforme pas de petits monolingues en bilingues : combien d'enfants ayant suivi plusieurs années de cours d'une seconde langue arrivent à s'en servir couramment dans la vie de tous les jours? Mais il donne de bonnes bases linguistiques qui pourront ensuite être étendues et mises en pratique lorsque l'enfant ou l'adulte aura à utiliser la langue. Cette pédagogie, pratiquée pour des langues étrangères et aussi pour les langues régionales, est assez formelle, parfois rébarbative et souvent détachée de la réalité de l'usage de la langue, mais elle offre un bagage grammatical et lexical sur lequel on peut construire plus tard si le besoin s'en fait sentir. Les enseignants de langue, face à des classes parfois pléthoriques, et avec seulement quelques heures à leur disposition par semaine, font des efforts louables pour présenter à la fois la langue et la culture dont ils ont la charge. Ils sont nombreux à se servir de plus en plus de moyens audiovisuels et informatiques, de diverses stratégies d'acquisition, et de différentes approches interactives pour rendre l'apprentissage plus attractif. Ce type d'enseignement existe depuis des décennies et continuera pendant longtemps.

Pour les enfants bilingues qui connaissent, en partie tout au moins, la langue enseignée, il est parfois difficile de s'adapter à ce type d'apprentissage. J'en sais quelque chose car j'ai suivi des cours de français en Angleterre dans mon enfance, alors que j'étais d'origine française! Les enfants découvrent la notion de norme, les niveaux de style, les règles grammaticales explicites, un vocabulaire spécialisé et, pour beaucoup, la langue écrite. Ils doivent désapprendre certaines choses et accepter que parfois leurs camarades monolingues réussissent mieux qu'eux lorsqu'ils sont testés sur leurs connaissances linguistiques et non sur la communication spontanée. Il arrive que l'école offre un enseignement de la langue et de la culture d'origine pour les enfants issus d'un milieu linguistique différent tel que l'ELCO en France. On se met à rêver lorsqu'on lit sur un site du ministère de l'Éducation nationale[53] la directive européenne suivante, reprise par le ministère : « [Il s'agit de] promouvoir, en coordination avec l'enseignement normal, un enseignement de la langue maternelle et de la culture du pays d'origine en faveur des enfants. » Suivent des objectifs précis comme « structurer la langue parlée dans le milieu familial ; favoriser l'épanouissement personnel des jeunes issus d'autres cultures ; valoriser la diversification des langues à l'école ». Mais lorsque l'on se renseigne d'un peu plus près, on se rend compte que le nombre de langues offertes est très restreint (neuf en France) et que la proportion d'enfants issus de la migration qui suivent cet enseignement est minime. S'ajoutent à cela le problème de l'intégration des cours dans le cursus général (il existe trop de chevauchements avec d'autres cours importants ou attrayants), le sentiment de ghettoïsation que ressentent certains élèves obligés de suivre ces cours, les méthodes pédagogiques utilisées parfois trop traditionnelles, etc. D'ailleurs, quelques-uns de ces inconvénients se trouvent aussi dans les cours de langues minoritaires offerts par diverses associations ou institutions (consulats, lieux de culte), pour la plupart le samedi. Cela dit, le fait d'avoir accès à ce type d'enseignement est déjà un point positif et permet à certains enfants de maintenir, sinon d'améliorer, leurs connaissances dans la langue minoritaire.

Nous abordons véritablement le bilinguisme actif à l'école avec l'éducation bilingue. Jim Cummins, l'un des grands spécialistes du domaine, indique qu'il s'agit de tout programme organisé et planifié qui utilise deux langues d'apprentissage (ou davantage)[54]. Selon lui, la caractéristique principale des programmes bilingues est que les langues sont un médium d'enseignement plutôt que des objets enseignés. Il peut s'agir soit d'une langue étrangère, soit d'une langue minoritaire et/ou régionale que l'on souhaite préserver ou retrouver. Rappelons que l'engouement récent pour ce type d'enseignement immersif, qui peut avoir lieu à tout moment pendant la scolarité, a trouvé ses origines au siècle dernier dans la ville de Saint-Lambert, au Québec, où des parents anglophones, insatisfaits de l'enseignement traditionnel du français, ont mis sur pied un programme d'immersion avec des enseignants francophones. En maternelle, les petits anglophones faisaient toutes leurs activités en français mais pouvaient parler anglais s'il le fallait. L'anglais était découragé par la suite pour les interactions mais, peu à peu, il faisait son apparition dans les cours jusqu'à ce que, en sixième année, il y ait parité de cours dans l'une et l'autre langue.

Les résultats obtenus étaient très positifs : les enfants en immersion ne montraient aucun retard par rapport aux groupes contrôles ; le niveau de leur français était bien meilleur que celui de leurs camarades du même âge ayant suivi un programme traditionnel ; et les résultats des tests d'intelligence étaient similaires pour les deux groupes. Le seul inconvénient trouvé, qui perdure à ce jour dans la plupart de ces programmes, est que les enfants se servent assez peu de la langue ainsi apprise en dehors de l'école.

Le fait qu'on mette l'accent sur le contenu d'une matière tout en enseignant la langue, et que la nouvelle langue est pertinente avec ce qui est fait en classe, rend l'enseignement immersif particulièrement attirant. De nos jours, nous le trouvons dans de nombreux pays du monde et avec des caractéristiques différentes : précoce, tardif, partiel, paritaire, etc. Il est utilisé avec des langues régionales comme le navajo, l'ojibwé et l'hawaïen aux États-Unis, le breton, le basque, l'alsacien, l'occitan et le tahitien, entre autres, en France. Bien sûr, il existe quelques inconvénients qu'il faut aborder (outre la faible utilisation de la langue à l'extérieur de l'école) : pour certains, ces programmes sont des filières d'élite déguisées, avec une charge de travail très lourde ; pour d'autres, notamment les parents, il est difficile d'avoir un enfant en immersion dans une langue qu'ils ne connaissent pas eux-mêmes car ils ne peuvent pas l'encadrer et l'aider dans ses devoirs ; pour d'autres encore, le choix de la langue offerte en immersion n'est pas suffisamment large, etc. Notons aussi le problème délicat de l'évaluation de ces programmes, comme l'ont montré Laurent Gajo, Jean-Marc Luscher et Cecilia Serra[55].

Jim Cummins souligne que lorsque les élèves concernés sont issus d'un groupe en position forte, « l'éducation dans deux langues est perçue comme un enrichissement éducatif, une manière plus efficace d'enseigner des langues supplémentaires et d'accroître le capital culturel des élèves[56] ». Par contre, relève-t-il, il existe souvent des oppositions à ce que les enfants issus de minorités linguistiques en provenance de l'immigration aient accès à ces programmes. Selon lui, certains affirment qu'ils doivent apprendre à parler couramment et savoir lire et écrire la langue majoritaire pour réussir à l'école et qu'ils doivent donc avoir une exposition maximale à cette langue. Or rien ne prouve que ces programmes ne puissent pas être utilisés avec succès avec ces élèves-là aussi. D'ailleurs, une forme d'immersion, les programmes duels, semble montrer le contraire. Dans ce type de formation, les classes sont composées pour moitié d'enfants du groupe majoritaire et pour l'autre d'enfants d'une minorité. Par exemple, à l'école Amigos à Cambridge, aux États-Unis, l'anglais est la langue première de la moitié des enfants et l'espagnol, langue minoritaire, de l'autre. En maternelle, les enfants passent deux jours et demi dans la salle de l'anglais et le reste du temps dans celle de l'espagnol. Pour les plus grands, le temps dans chaque salle est d'une semaine, et à la fin de leur scolarité, ils sont exposés quotidiennement à l'une et l'autre langue. Bien entendu, hors des salles de cours, les deux langues peuvent être utilisées à tout moment. Ce type d'immersion encourage à la fois le bilinguisme et la bilitéracie*, ainsi que le contact avec deux cultures. En plus, aspect unique dans ce type de programme, les natifs d'une langue aident ceux qui ne le sont pas, et ce dans les deux sens – une collaboration translinguistique particulièrement admirable dans le cadre scolaire!

Les programmes duels sont-ils uniquement destinés aux enfants d'un plus jeune âge? Pas du tout. Prenons l'exemple des trois années de lycée que l'on peut accomplir pour la maturité (baccalauréat) bilingue dans la ville de Bienne, en Suisse[57]. Les lycéens de langue allemande et de langue française s'y préparent ensemble au sein d'une même classe. L'enseignement est dispensé en allemand dans environ la moitié des disciplines non linguistiques et en français dans les autres, les enseignements des langues étant assurés dans la langue concernée. La langue d'enseignement d'une discipline ne change pas au cours des trois ans de formation et les examens sont passés dans cette langue. Afin d'aider les nouveaux, des leçons de renforcement sont offertes dans la seconde langue lorsque celle-ci est utilisée pour une discipline donnée. Par la suite, le recours à la traduction reste toujours possible. Des journées d'étude et des activités parascolaires (sports, camps, concerts, etc.) donnent l'occasion aux lycéens de se rencontrer et de pratiquer leur

---

* Compétence en lecture et en écriture dans deux langues.

bilinguisme. Enfin, chacun est entraîné à soutenir et à aider les camarades qui ne sont pas de langue première dans la matière en question. Ce rôle change selon les disciplines, ce qui fait que l'on se trouve parfois dans la position de la personne aidée et parfois de celle qui aide. On ne peut imaginer une meilleure manière d'encourager et de soutenir le bilinguisme à l'école !

4.

Autres dimensions du bilinguisme

Le bilinguisme est un vaste domaine à plusieurs dimensions qui touchent, entre autres, aux représentations que l'on en a, aux effets linguistiques et cognitifs qu'il produit, aux liens qu'il possède avec le biculturalisme, et à la diversité qui existe parmi les personnes bilingues, notamment les bilingues exceptionnels.

Les représentations

Le bilinguisme ne laisse pas indifférent. Chacun, qu'il soit monolingue ou bilingue, parent d'enfants bilingues ou non, enseignant, orthophoniste, psychologue ou médecin, chercheur, auteur, ou simple particulier, se fait une idée de ce que cela veut dire d'être bilingue, et des avantages et inconvénients que cela présente. Et en ce domaine, certaines représentations du passé perdurent encore au XXIe siècle.

Représentations d'hier

Dans un ouvrage fort intéressant, Andrée Tabouret-Keller souligne les enjeux politiques, idéologiques, économiques et symboliques qui entourent la question du bilinguisme, et décrit comment s'est développée l'idée fausse de sa nocivité, qui a perduré pendant une centaine d'années – les années noires – entre le XIXe et le XXe siècles[1]. Simon Laurie, un pédagogue et philosophe écossais, auteur de nombreux ouvrages sur l'éducation, et personnage central dans la diffusion de cette idée, écrivait en 1890 : « S'il était possible à un enfant ou un garçon de vivre avec deux langues simultanément et aussi bien, eh bien tant pis! Sa croissance intellectuelle et spirituelle n'en serait pas doublée mais réduite de moitié. L'unité d'esprit et de caractère aurait beaucoup de difficultés à s'affirmer dans de telles circonstances [...]. Les mots [...] doivent être ancrés dans le vécu afin d'être vivants, et comme nous n'avons pas deux vies mais une seule, alors nous ne pouvons avoir qu'une seule langue[2]. »

À l'époque où l'idéal de l'État-nation primait, avec une langue nationale unique et forte, cette position favorisant le monolinguisme et critiquant le bilinguisme a trouvé un écho favorable chez de nombreux chercheurs et auteurs. Ainsi, le grand linguiste Otto Jespersen, qui d'ailleurs maniait le français aussi bien que l'anglais, à côté de sa langue maternelle, le danois, écrivait entre les deux guerres : « L'enfant [bilingue] apprend difficilement l'une ou l'autre langue comme s'il était limité à la connaissance d'une seule [...], l'effort cérébral nécessaire pour maîtriser deux langues au lieu d'une diminue sans doute chez l'enfant les possibilités d'apprendre certaines choses qu'il pourrait et devrait apprendre. » Jespersen est tellement pessimiste, bien que plurilingue lui-même, qu'il pose la question : « Existe-t-il quelque enfant bilingue qui soit devenu par la suite un grand artiste de la parole, un poète ou un orateur[3] ? »

Le pédiatre, psychanalyste et linguiste Édouard Pichon, auteur du très influent *Développement psychique de l'enfant*, a donné les arguments qu'il fallait aux détracteurs du bilinguisme en écrivant : « Le bilinguisme est une infériorité psychologique [...]. Cette nocivité du bilinguisme est explicable ; car, d'une part, l'effort demandé pour l'acquisition de la seconde langue semble diminuer la quantité disponible d'énergie intellectuelle pour l'acquisition d'autres connaissances [...], d'autre part et surtout, l'enfant se trouve ballotté entre des systèmes de pensée différents l'un de l'autre [...], comme le dit fort bien M. Laurie, sa croissance intellectuelle n'est pas doublée, mais diminuée de moitié[4]. » En somme, l'énergie mentale d'un enfant est fixe, et l'apprentissage d'une deuxième langue prive la première de l'énergie qu'il lui faut ainsi que les autres matières qui doivent être acquises pendant sa croissance.

Autres points de vue mis en avant pendant ces années noires : le bilinguisme devait être réservé aux élites, et c'était un danger pour la langue et la culture nationales. Deux écrivains canadiens de l'entre-deux-guerres, Arthur Laurendeau et Étienne Robin, écrivaient respectivement : « Seules les élites intellectuelles peuvent être vraiment bilingues [...]. Seuls, ceux qui ont une culture large et forte peuvent être de véritables bilingues[5].» «Ce bilinguisme nous acculera irrémédiablement à la déchéance nationale. Ennemi de notre esprit français, ce bilinguisme nous abâtardit. Il nous enlève la maîtrise de notre langue et nous empêche de participer aux bienfaits que recèle la culture française[6].»

Représentations aujourd'hui

Le monde a beaucoup changé depuis ces années noires et les connaissances des langues – nationales, régionales ou étrangères – font maintenant partie de nos besoins culturels, sociaux et économiques. Mais qu'en est-il des représentations du bilinguisme? L'argument de l'énergie mentale dont dispose le jeune enfant dans ses premières années a toujours cours sous une version adoucie, comme l'a souligné Andrée Tabouret-Keller : il faudrait attendre que la première langue soit bien installée avant d'introduire le jeune enfant à une deuxième langue[7]. D'ailleurs, on entend souvent : «Pourquoi apprendre une seconde langue alors qu'ils ne connaissent même pas le français?» Dans son rapport parlementaire *Sur la prévention de la délinquance* de 2004, Jacques Alain Bénisti, député du Val-de-Marne, souligne cet aspect et stipule qu'en cas de difficultés, il faut que l'enfant bilingue assimile le français avant de lui inculquer une langue étrangère. Il va même plus loin en écrivant que si les enfants sont d'origine étrangère, les parents, et avant tout les mères, devront s'obliger à parler le français dans leur foyer pour habituer les enfants à n'avoir que cette langue pour s'exprimer[8]!

Notons à ce propos l'ambiguïté qui règne encore autour

du bien-fondé du bilinguisme des enfants. Si l'on appartient aux classes moyennes, ou aisées, le bilinguisme, dans une langue régionale ou dans une langue étrangère, notamment l'anglais, est louable et reçoit le soutien de tous ceux qui s'occupent de l'enfant. Par contre, si l'on est issu de classes moins favorisées, d'origine migrante pour la plupart, alors le bilinguisme – français-turc, français-arabe, français-wolof, etc. – est mal considéré. «Actuellement, être bilingue quand on est enfant de migrants "économiques" est presque une tare en France, alors même que l'apprentissage précoce des langues est favorisé à l'école[9] », déplore Marie Rose Moro.

Les enseignants, psychologues et psychiatres ont-ils au moins changé leur point de vue depuis l'époque de Laurie et Pichon, et acceptent-ils maintenant l'idée que le bilinguisme est un phénomène langagier tout aussi courant que le mono-linguisme, et sans conséquences néfastes pour l'enfant? Nous en sommes encore loin, selon Christine Deprez, qui regrette que certains enseignants dans les écoles strictement monolingues considèrent encore le bilinguisme comme un «handicap», ou que certains psychologues et psychiatres continuent à s'interroger sur les risques de troubles du langage, de confusion et de crise d'identité qui, selon eux, accompagnent parfois le bilinguisme. En posant la ques-tion d'un éventuel retard du langage par rapport aux enfants monolingues, on signale clairement, selon Deprez, que ce sont les monolingues qui constituent la norme de référence – alors qu'environ la moitié de la population du monde est bilingue ou plurilingue – et que, selon cette norme, le bilin-guisme est une source de trouble et de perturbation[10].

Encore une fois, le bilinguisme ne crée ni retard ni trouble du langage. Marie Rose Moro, entre autres, est catégorique : «On ne peut pas dire aujourd'hui – ni par expérience, ni dans la littérature – qu'il y a plus de troubles du langage chez les enfants bilingues, et il n'y a pas plus non plus de troubles du développement chez ces enfants bilingues[11].» Selon elle, «le bilinguisme est un formidable atout, pour peu que la langue maternelle puisse être transmise dans la sérénité et que la langue française soit pensée, dans un premier temps, comme une langue seconde[12]».

Comme on l'a vu au début de ce livre, certains continuent aussi à penser que les bilingues maîtrisent parfaitement, et sans accent, leurs deux langues acquises dans la petite enfance. Or ces personnes sont extrêmement rares. Claude Hagège ne contribue pas à faire disparaître ce mythe : pour lui, il existe un «bilingue véritable» qui «possède assez les deux normes pour être à l'abri des phénomènes de contamination[13]»; en fait, aucun bilingue n'est à l'abri d'interférences, qu'elles soient statiques ou dynamiques, comme on l'a montré au chapitre 2. Même Nancy Huston considère que les vrais bilingues sont ceux qui apprennent dès l'enfance à maîtriser deux langues à la perfection et passent de l'une à l'autre sans état d'âme particulier[14]…

Pour certains, utiliser des emprunts ou des alternances de code relève du «charabia», du «métissage», du «pidgin», ou de la «bouillie», alors que ces mécanismes font appel à des stratégies linguistiques et communicatives, qu'ils sont régis par des contraintes linguistiques, et qu'ils sont restreints pour la plupart au mode langagier bilingue. Cela n'empêche pas certains linguistes, certes en nombre de plus en plus réduit, qui défendent par ailleurs le bilinguisme, d'évoquer un « bricolage plurilingue » ou un « bricolage langagier » en faisant référence au parler bilingue. D'autres chercheurs restent réticents à déclarer que quelqu'un est bilingue malgré un discours apparemment ouvert face au bilinguisme. Lors d'une visite privée chez un linguiste bien connu du grand public en France, je lui ai parlé de mes recherches et de mon propre bilinguisme français-anglais. À ma grande surprise, après quelques minutes, il a changé de langue de base et m'a parlé en anglais. Par politesse, mais tout de même interloqué car nous sommes tous deux francophones, j'ai continué dans cette langue. Après quelques minutes, il a concédé : « Oui, vous êtes vraiment bilingue. » Ce collègue me faisait passer un test de « vrai bilingue », alors qu'il sait, comme moi, que cette notion est un mythe. Sont bilingues tous ceux qui se servent régulièrement de deux ou plusieurs langues ou dialectes dans la vie quotidienne !

Ces attitudes négatives envers les langues minoritaires, le bilinguisme et le parler bilingue, les bilingues les intériorisent et même, parfois, les amplifient. Comme le soulignent Bernard Py et Laurent Gajo[15], certains hésitent à se considérer comme bilingues, tandis que d'autres déclarent : « Je suis bilingue, mais… », « Je ne suis pas parfaitement bilingue »… Christine Deprez parle de minorisation, chez l'individu bilingue, « de ses capacités langagières, qui va de la simple dévalorisation de ses compétences jusqu'au déni de sa langue ou même de son droit de parole[16] ». Cela fait des décennies que je lutte à travers mes écrits – ouvrages, articles, blog – pour expliquer ce qu'est le bilinguisme et pour faire en sorte que les bilingues s'acceptent en tant que tels. Un journal suisse, *L'Express*, qui m'a interviewé à l'été 2013, a très bien compris ce message d'acceptation et d'inclusion : «Tous ces bilingues qui s'ignorent», a-t-il intitulé son article.

Les représentations sont-elles toutes négatives? Non! Nous vivons actuellement un engouement pour le bilinguisme, précoce en particulier. Les associations qui défendent l'éducation bilingue sont nombreuses désormais, comme les sites web. Plusieurs ouvrages destinés aux parents donnent des conseils sur la manière d'élever des enfants avec deux langues. Ainsi Barbara Abdelilah-Bauer, psychosociologue, a-t-elle publié un livre qui analyse les conditions de réussite et les difficultés de la transmission des langues maternelles autres que le français en France, ainsi que l'apprentissage précoce des langues étrangères ou régionales. Elle présente une longue liste d'avantages du bilinguisme et de représentations positives qui entourent ce phénomène aujourd'hui : le bilinguisme nous offre la capacité de nous faire comprendre et d'expliquer dans la langue de l'autre; il donne accès à plus d'information; il permet d'exprimer la même chose de différentes manières; il ouvre un accès direct à une autre culture et donc à une autre manière d'interpréter le monde; il facilite la médiation afin de résoudre des conflits; il sert de remède contre l'ethnocentrisme; il développe certaines capacités cognitives et métalinguistiques; il permet de penser hors des chemins battus, et il facilite l'apprentissage de la lecture dans la première langue, ainsi que l'acquisition d'une troisième ou quatrième langue[17]. Nous reviendrons sur certains de ces points lorsque nous examinerons les études empiriques sur les effets du bilinguisme.

Les nombreux aspects positifs du bilinguisme font maintenant leur apparition dans les ouvrages de très grande diffusion tels que le compagnon de millions de jeunes parents francophones, *J'élève mon enfant,* de Laurence Pernoud[18]. Dans les trois pages consacrées au bilinguisme de la dernière version, on constate le changement radical qui a eu lieu dans les représentations. L'auteur note que certains parents arrêtent de parler leur langue première, afin que l'enfant apprenne le plus rapidement possible la langue du pays. En fait, dit-elle, il faut que l'enfant continue à entendre et à parler la première langue. Il acquiert ainsi tout un savoir qu'il pourra transférer sur la deuxième langue qu'il apprendra d'autant plus facilement. Laurence Pernoud souligne aussi combien il est important que la langue d'origine de l'enfant soit reconnue par tous comme étant un atout, notamment par l'école. Elle note que l'enfant va acquérir autant de langues qui lui sont nécessaires pour communiquer avec son entourage (l'argument du besoin est donc mis en avant ici). Les « mélanges » dans le langage de l'enfant bilingue sont normaux au début ; ils ne proviennent pas d'une confusion mentale. Quant aux vocabulaires de l'enfant bilingue correspondant aux différentes langues, ils ne sont pas semblables ; c'est normal car il les acquiert dans des situations différentes. Cela correspond bien au principe de complémentarité que nous avons évoqué à de nombreuses reprises dans cet ouvrage. Enfin, l'auteur affirme que le bilinguisme précoce ne provoque pas de retard de langage.

Pour qu'un ouvrage grand public comme celui-ci émette enfin de tels propos, il a fallu des dizaines d'années de recherche, de nombreux documents écrits et présentations orales, destinés aux spécialistes mais également au grand public, des centaines de débats et de tables rondes, des démarches administratives constantes, et surtout beaucoup d'énergie, de patience et de persévérance chez ceux qui ont soutenu le bien-fondé du bilinguisme : parents, psychologues, éducateurs, orthophonistes, chercheurs, personnages politiques, etc. Certes, beaucoup reste à faire mais ils peuvent être fiers du chemin déjà parcouru.

Ce qu'en pensent les bilingues

Il est rare de demander aux bilingues eux-mêmes ce qu'ils pensent du bilinguisme – ce qui est bien dommage – d'autant plus qu'une partie des représentations évoquées plus haut émane de personnes monolingues. Dans ce qui suit, je ferai appel à deux enquêtes, l'une menée par Věroboj Vildomec[19], juste à la fin des années noires, et l'autre que j'ai menée moi-même vingt ans plus tard[20]. L'enquête de Vildomec a eu lieu en Europe, la mienne aux États-Unis parmi des citoyens américains mais également de nombreux immigrés de première génération. Lorsque j'ai posé la question des désavantages du bilinguisme, 52 % des bilingues et 67 % des trilingues ont répondu : «Aucun.» Parmi ceux qu'ils ont tout de même stipulés, le premier concernait la langue non dominante, qui force parfois la personne à faire des alternances et des emprunts. De plus, certains avaient le sentiment de ne connaître aucune de leurs langues, d'autres n'appréciaient pas de devoir servir d'interprète à l'occasion, et d'autres encore mettaient l'accent sur l'aspect culturel – ne pas se sentir membre d'un groupe ou se sentir en conflit lorsqu'on fait partie de deux groupes culturels.

Quant aux inconvénients relevés par Vildomec, plusieurs bilingues ont évoqué la production d'interférences, surtout lorsqu'ils sont fatigués, en colère, nerveux ou inquiets. Certains avaient du mal avec le changement soudain de langue de base lors d'un voyage, par exemple, ou quand il faut parler d'un domaine normalement couvert par une autre langue (un exemple du principe de complémentarité). Parmi d'autres inconvénients, mentionnons la difficulté de rester en mode monolingue avec les années qui passent, le désagrément de devoir traduire, et la difficulté du choix de langue lorsqu'on est en présence de locuteurs de différentes langues. Il y a aussi ceux qui n'aiment pas avoir un accent dans une de leurs langues, surtout si la langue en question est entourée de préjugés.

Parfois les inconvénients sont dramatiques. Vildomec cite le cas, rapporté par l'un des participants à son enquête, de personnes interrogées par les forces d'occupation allemande, pendant la Seconde Guerre mondiale. Ceux qui indiquaient qu'ils parlaient allemand, étant bilingues donc, étaient séparés des autres afin d'être envoyés dans un camp de concentration. Les Allemands les considéraient comme des espions potentiels.

147

Le point important des deux enquêtes est que tous les bilingues y ayant répondu, sans exception, pensaient qu'il y avait des avantages à être bilingue, alors qu'ils étaient beaucoup moins nombreux à trouver des inconvénients. La plupart appréciaient le fait de pouvoir communiquer avec des personnes de langues et de cultures différentes. D'autres étaient d'avis que le bilinguisme donne deux perspectives sur la vie, qu'il encourage l'ouverture d'esprit, qu'il offre plus de possibilités de travail et qu'il permet de lire la littérature étrangère dans sa version originale. Certains bilingues signalaient qu'ils se sentaient chez eux dans plusieurs pays, qu'ils pouvaient discuter directement avec des personnes au lieu de passer par des interprètes, et qu'ils étaient toujours prêts à aider ceux qui ne parlaient qu'une de leurs langues. D'autres appréciaient le recul qu'ils avaient face à leurs langues et la découverte de la logique de chacune d'elles.

Tout comme les inconvénients parfois dramatiques, certains avantages remarquables sont sortis de ces enquêtes. Ainsi, un trilingue bengali-ourdou-anglais rapporte qu'au Bangladesh, pendant la guerre de libération du Bangladesh en 1971, il a été arrêté par l'armée pakistanaise, qui s'opposait à l'indépendance, et a évité une mort certaine car il savait parler l'ourdou et réciter quelques vers du Coran en arabe. D'autres qui n'avaient pas cette chance étaient fusillés sur-le-champ !

Quand Vildomec a demandé à ses participants quelle influence le plurilinguisme avait eu sur leur élocution et leurs opérations mentales, certains répondaient qu'ils parlaient avec plus de clarté et que leur vocabulaire et leur grammaire étaient plus riches. D'autres ajoutaient que leurs langues les avaient aidés à apprendre d'autres langues, qu'elles avaient une influence positive sur leur discipline mentale et leur vigilance, et qu'elles leur offraient une approche plus critique de la vie. En somme, les avantages qui ressortent de ces deux enquêtes ressemblent beaucoup à ceux que l'on trouve maintenant dans des ouvrages destinés aux parents qui veulent une éducation bilingue pour leurs enfants, ainsi que sur différents sites web qui encouragent le bilinguisme. Certes, il est moins souvent fait mention des inconvénients potentiels mais, comme on l'a vu, ils sont en nombre bien plus réduit.

Du danger de catégoriser les types de bilinguisme

Il existe une tendance qui consiste à décomposer le bilinguisme en catégories, avec le danger que cela comporte. On trouve ainsi du bilinguisme «coordonné», «composé», «subordonné», ou encore «équilibré», «actif» ou «passif», ou même «additif» et «soustractif». Ces étiquettes réductrices ne reflètent en rien la complexité du phénomène, sans parler de leurs bases scientifiques souvent inexistantes; en plus, elles ont tendance à catégoriser définitivement les personnes à qui on les attribue, notamment les enfants, avec tous les effets négatifs qui en résultent.

Le linguiste Uriel Weinreich a proposé au siècle dernier une distinction théorique entre les bilinguismes coordonné, composé et subordonné[21]. Dans le bilinguisme coordonné, les mots de chaque langue auraient un sens distinct; donc «café» aurait un premier sens et «*coffee*» un autre. Dans le bilinguisme composé, «café» et «*coffee*» n'auraient qu'un seul sens. Enfin, dans le bilinguisme subordonné, le mot de la langue la moins connue (imaginons qu'il s'agit de «*coffee*») serait perçu à travers le mot de la langue la mieux connue («café») pour obtenir son sens. Cette distinction est peu à peu devenue une dichotomie entre bilinguismes coordonné et composé, fondée non plus sur la dimension sémantique mais sur la manière dont les langues ont été apprises et sont utilisées. S'ensuivirent une série d'expériences en laboratoire pour montrer le bien-fondé de ces concepts. Après plusieurs années de recherche, souvent critiquée du point de vue méthodologique[22], il a bien fallu admettre que cette dichotomie ne reposait sur aucune réalité psychologique. Ne pas accepter que certains sens soient partagés entre mots de langues différentes, alors que les sens d'autres mots se chevauchent en partie, et que d'autres sens encore soient très différents, n'était pas plus réaliste; le premier traducteur l'aurait signalé sans hésitation! Malheureusement, cette distinction a perduré longtemps, et même si les chercheurs ne font plus appel à elle, on la retrouve dans les domaines appliqués tels que celui de l'éducation ou de l'orthophonie, mais souvent avec des interprétations totalement différentes.

L'expression «bilinguisme équilibré», souvent opposée à «bilinguisme dominant», est également utilisée chez les chercheurs. Ainsi, Josiane Hamers et Michel Blanc définissent le bilingue équilibré comme celui qui a une compétence équivalente dans les deux langues[23]. Et Coralie Sanson avance que le bilingue équilibré possède une compétence comparable dans une autre langue et est capable d'utiliser l'une ou l'autre en toutes circonstances avec la même efficacité[24]. Or nous savons depuis longtemps que ce type de bilingue n'existe pas. On l'a vu, les bilingues utilisent leurs langues dans des situations différentes, avec des personnes variées, pour des objectifs distincts. Cela exige des compétences différentes pour chaque langue et réduit la possibilité que le bilinguisme soit équilibré. Certes, nous avons tous rencontré des bilingues exceptionnels qui se rapprocheraient de cet «idéal», mais en les interrogeant un peu, on se rend vite compte qu'eux non plus ne sont pas équilibrés, ne serait-ce qu'au niveau écrit où ils n'ont souvent pas les mêmes compétences. D'ailleurs les interprètes qui auraient droit, théoriquement, à ce libellé prennent le soin de classer leurs langues en langues actives, comprenant *deux catégories* (A et B), et en langues passives, avec une seule catégorie (C).

Certains distinguent «bilinguisme actif» et «bilinguisme passif». Dans le premier cas, deux ou plusieurs langues sont utilisées activement, alors que dans le second, l'une n'est plus guère produite, seulement comprise. Le qualificatif «passif» est malheureux dans ce contexte car la compréhension orale englobe une série d'opérations très actives : perception des sons, accès au lexique, analyse morphologique, syntaxique et sémantique, traitement pragmatique, etc. Il vaut donc mieux éviter ces expressions.

Enfin, une dichotomie surtout utilisée pour les enfants oppose bilinguismes «additif» et «soustractif». Au niveau linguistique, ou bien l'enfant développerait de façon équilibrée

ses langues, qui se compléteraient et s'enrichiraient mutuellement, ou bien une des langues évoluerait au détriment de
l'autre. Quant au développement cognitif, dans le bilinguisme
additif, l'acquisition de plusieurs langues augmenterait la
flexibilité cognitive de l'enfant, et ses capacités métalinguistiques, alors que, dans le bilinguisme soustractif, ces deux
aspects seraient freinés. Ces deux notions, avec une frontière
aussi mal définie, auraient leurs origines dans les valeurs que
l'on attribue aux langues concernées et aux personnes qui
les parlent. D'un côté, les langues seraient valorisées par les
parents et la communauté (bilinguisme additif), de l'autre,
les langues seraient en situation de concurrence, l'une valori-
sée car plus prestigieuse (la langue majoritaire), l'autre perçue
négativement car ayant un statut de langue minoritaire.

Toute personne étant sensible aux aspects sociolinguis-
tiques du langage sait que les langues, dialectes et registres
linguistiques d'un pays ou d'une région sont valorisés de
manière différente pour des raisons à la fois sociales et politiques. C'est vrai dans des situations monolingues – sans que
l'on parle de monolinguisme additif et de monolinguisme
soustractif! – ainsi que dans des situations de bi- ou plurilinguisme. Le développement langagier peut en être affecté
chez l'enfant ou l'adulte, qu'il soit monolingue ou bilingue.
Quant au développement cognitif, je n'ai pas encore vu
d'études qui montrent que tout enfant bilingue n'est pas
favorisé cognitivement par l'apprentissage et la pratique de
plusieurs langues, quelles que soient les langues ou les environnements dans lesquels elles sont utilisées. Dès lors, évi-
tons d'étiqueter telle forme de bilinguisme d'additif et telle

autre forme de soustractif alors qu'il s'agit de bilinguisme dans les deux cas. Un libellé aussi évocateur, et dévalorisant, que «bilinguisme soustractif» aura souvent un effet de prophétie autoréalisatrice dans la famille et l'environnement du bilingue, et un effet pygmalion au niveau scolaire. Ce n'est pas le bilinguisme en tant que tel qui est en cause ici mais le contexte social et politique dans lequel la personne se développe, et notamment l'enfant.

Les effets du bilinguisme

Les représentations du bilinguisme ont forcément un aspect subjectif, et les manières de catégoriser les types de bilinguisme un caractère arbitraire. Or, depuis la première partie du siècle dernier, il existe des études scientifiques sur les effets linguistiques et cognitifs du bilinguisme. Voyons si elles recoupent les opinions que l'on se fait du bilinguisme, que l'on soit monolingue ou bilingue.

Les premières études, s'étendant des années 1920 à 1950, vers la fin des années noires donc, ont produit des résultats particulièrement négatifs pour le bilinguisme. Dans le domaine du développement linguistique, Victor Kelley a trouvé que, dans des tests de lecture, des enfants bilingues en Arizona montraient un retard de 2,7 années[25]. Quelques années plus tard, Lloyd Tireman a constaté que des enfants bilingues espagnol-anglais, toujours aux États-Unis, ne possédaient que 54 % du vocabulaire anglais nécessaire pour la lecture[26]. Quant au chercheur bien connu dans le domaine du bilinguisme John Macnamara, il a trouvé que des enfants anglophones en Irlande, scolarisés en irlandais, avaient 11 mois de retard en mathématiques sur les enfants suivant un cursus monolingue[27].

En ce qui concerne les effets au niveau de l'intelligence et du développement, les études de cette période étaient également en défaveur des enfants bilingues. Par exemple, David Saer a montré que des enfants bilingues gallois-anglais, habitant la campagne, avaient des scores de QI plus bas que les enfants monolingues, et que cette différence augmentait entre les âges de 7 et 11 ans[28]. Un peu plus de vingt ans plus tard, toujours au pays de Galles, W. Jones et W. Stewart confirmaient ce résultat : les bilingues obtenaient des scores plus bas que les monolingues dans des tests d'intelligence verbaux et non verbaux[29].

À partir des années 1960, les résultats ont commencé à s'inverser en faveur des enfants bilingues. Une étude souvent citée de l'époque a été conduite au Canada. Elizabeth Peal et Wallace Lambert ont entrepris une large recherche sur les enfants en provenance de six écoles francophones à Montréal et ont comparé les bilingues français-anglais aux monolingues[30]. Cette fois-ci, les bilingues réussissaient mieux que les monolingues dans les tests de QI verbaux et non verbaux. En plus, ils montraient une plus grande flexibilité mentale, une créativité plus importante, et une pensée divergente plus forte. Ces enfants étaient également en avance dans les matières scolaires et leurs attitudes envers les Canadiens anglophones étaient plus favorables que celles des enfants monolingues.

Autre classique de l'époque, l'étude menée par Anita Ianco-Worrall auprès d'enfants bilingues anglais-afrikaans afin de confirmer que le bilinguisme facilite la séparation entre le signifiant (forme) et le signifié (sens) des mots[31]. Dans la première expérience, elle disait aux enfants : «J'ai trois mots : *cap* (casquette), *can* (boîte de conserve) et *hat* (chapeau). Lequel ressemble à *cap*? *Can* ou *hat*?» Si les enfants choisissaient *can*, cela indiquait une préférence phonétique; si leur choix portait sur *hat*, le lien sémantique était préféré. Dans le groupe des plus jeunes, un plus grand nombre de bilingues a choisi *hat*, ce qui a incité l'auteur à conclure qu'ils atteignaient un stade de développement sémantique deux à trois ans plus tôt que les enfants monolingues. Dans la deuxième expérience, elle demandait aux enfants : «Imaginons que tu dois inventer des noms pour des choses; penses-tu qu'on pourrait appeler une vache, un chien, et un chien, une vache?» La majorité des bilingues ont répondu dans l'affirmative alors que les monolingues étaient moins nombreux.

Dans le même ordre d'idées, Sandra Ben-Zeev a posé la question suivante en montrant un avion à des enfants bilingues hébreu-anglais et à des enfants monolingues, soit en hébreu soit en anglais : «Tu sais qu'en anglais on appelle ça *airplane* (avion). Dans ce jeu, son nom est *turtle* (tortue). Est-ce qu'une *turtle* peut voler?» Comme Ianco-Worrall, elle a trouvé que les enfants bilingues répondaient oui plus souvent que les enfants monolingues et elle en conclut que le lien entre la forme d'un mot et son sens était moins figé chez les bilingues que les monolingues[32]. Les bilingues se rendent compte plus vite du lien arbitraire entre signifiant et signifié.

Ces différentes recherches, parmi d'autres, ont permis à Merrill Swain et Jim Cummins, dès 1979, de conclure notamment que les enfants bilingues sont plus sensibles aux relations sémantiques entre mots, plus avancés dans la perception du lien arbitraire entre la forme et le sens des mots, en avance sur l'analyse grammaticale d'une phrase, qu'ils montrent une plus grande sensibilité sociale et ont une pensée plus divergente[33]. En somme, ces enfants présentent un avantage dans le domaine de la flexibilité cognitive et linguistique.

Comment expliquer les résultats clairement contradictoires entre la première et la seconde moitié du siècle dernier ? En fait, dans la première moitié, les groupes monolingues et bilingues étaient mal appariés, car trop peu de facteurs entraient en jeu. En effet, souvent les variables suivantes n'étaient pas, ou pas toutes, contrôlées : le sexe, l'âge, le niveau socio-économique, des considérations sociales telles que le groupe d'appartenance des enfants issus de minorités linguistiques et les attitudes envers celles-ci, le soutien familial qu'ils recevaient, et bien entendu, le niveau de connaissance de la langue dans laquelle avaient lieu les tests. Il est clair que si un enfant est testé dans une langue qu'il maîtrise mal, il ne réussira pas aussi bien qu'un autre enfant qui la maîtrise pleinement. Dans la seconde moitié du siècle, les appariements et les contrôles étaient mieux faits, mais parfois un peu trop poussés. Ainsi, E. Peal et W. Lambert, qui ont été parmi les premiers à trouver des effets positifs pour les enfants bilingues, ont utilisé le critère du «bilinguisme équilibré[34]» pour choisir leurs participants. Sur une population de 364 enfants, seuls 89 correspondaient à ce critère et 75 étaient considérés comme monolingues. Cela a abouti à considérer plus de la moitié des enfants comme n'étant ni monolingues ni bilingues! En se fondant sur ces considérations, le psycholinguiste Barry McLaughlin, à la fin du siècle dernier, est arrivé à la conclusion que les résultats des recherches étaient soit en contradiction avec d'autres résultats, soit pouvaient être critiqués sur le plan méthodologique. Selon lui, une seule chose était sûre, bien que tout à fait banale : bien connaître la langue du test produit un effet sur les résultats obtenus[35]!

Plusieurs dizaines d'années plus tard, il est clair que les choses sont beaucoup plus subtiles que l'on ne le pensait avant. Ellen Bialystok, une sommité mondiale sur ces questions, et son collègue Xiaojia Feng le disent bien : le bilinguisme aboutira parfois à des avantages par rapport au monolinguisme, parfois à aucune différence, et parfois même à quelques inconvénients[36]. Ces derniers concernent avant tout le développement du vocabulaire chez les enfants bilingues. Nous savons depuis longtemps grâce aux travaux de Barbara Zurer Pearson et de sa collègue Sylvia Fernández avec des enfants bilingues anglais-espagnol de 8 à 30 mois que la vitesse de développement du vocabulaire est la même chez les petits monolingues et bilingues[37]. De plus, le nombre total de mots chez ces enfants – en tenant compte des deux vocabulaires pour les enfants bilingues – est identique ou même parfois

157

supérieur ; toutefois, la taille des vocabulaires individuels peut être un peu moins grande chez les enfants bilingues.

Une étude a confirmé ces résultats vingt ans plus tard. Diane Poulin-Dubois, Ellen Bialystok, Agnes Blaye, Alexandra Polonia et Jessica Yott ont comparé le développement lexical de monolingues et bilingues de 2 ans en demandant aux parents, à l'aide de questionnaires détaillés, d'indiquer les mots que les enfants utilisaient[38]. La taille totale des vocabulaires des deux groupes (en prenant l'ensemble des vocabulaires des enfants bilingues) n'était pas différente. Par contre, pris individuellement, le vocabulaire de la première langue des enfants bilingues était moins important. L'explication donnée est pleine de bon sens : les enfants bilingues sont exposés à des mots souvent différents dans leurs différentes langues. Cela confirme à nouveau le principe de complémentarité : les bilingues apprennent et utilisent leurs langues dans des situations différentes, avec des personnes variées, pour des objectifs distincts.

Il se trouve que quelques années plus tôt, toujours au Canada, Ellen Bialystok et ses collègues Gigi Luk, Kathleen Peets et Sujin Yang avaient étudié le vocabulaire réceptif d'enfants monolingues et bilingues de 3 à 10 ans[39]. Ayant trouvé le même avantage pour les monolingues, elles ont cherché à le comprendre en analysant les résultats par domaine : l'école et la maison. La différence persistait dans le vocabulaire lié à la maison car les enfants bilingues utilisaient une autre langue que l'anglais chez eux. Par contre, il n'y avait plus de différence entre monolingues et bilingues dans le domaine de l'école, car les deux groupes se servaient tous deux de l'anglais. En résumé, le vocabulaire d'enfants bilingues est organisé par domaine et par langue, comme le prévoit le principe de complémentarité ; certains domaines sont couverts par une seule langue alors que d'autres le sont par les deux. D'ailleurs, nous savons qu'un peu plus de 30 % des mots d'une langue ont leurs équivalents dans l'autre langue chez ces très jeunes enfants, ce qui laisse beaucoup de place pour des vocabulaires spécifiques dans chacune des langues. Cette différence entre monolingues et bilingues est maintenue tout au long de la vie, comme le montrent clairement Fergus Craik et Ellen Bialystok dans une étude portant sur deux groupes de bilingues adultes de 20 ans et de 67 ans en moyenne[40].

S'il existe un champ de recherche dans lequel les bilingues obtiennent régulièrement de meilleurs résultats que les monolingues, il s'agit de celui des activités métalinguistiques. Selon Jean-Émile Gombert, celles-ci comprennent les tâches de réflexion sur le langage ainsi que des activités de contrôle conscient et de planification intentionnelle par le sujet de ses propres processus de traitement linguistique[41]. Nous avons déjà noté les résultats en faveur des bilingues de Ianco-Worall et de Ben-Zeev, répétés plusieurs fois depuis dans d'autres études. L'apport d'Ellen Bialystok et de ses collègues a été de montrer que cet avantage est présent quand l'attention sélective est nécessaire dans la tâche expérimentale. C'est le cas, par exemple, lorsqu'il existe un conflit ou une ambiguïté, tels que compter le nombre de mots dans une phrase correcte, utiliser un mot nouveau pour un objet dans une phrase, ou juger qu'une phrase comme « les pommes grandissent sur les nez » est grammaticalement correcte (mais sémantiquement anomale). Par contre, quand la tâche nécessite une analyse de la structure linguistique d'une phrase pour expliquer des erreurs grammaticales ou lorsqu'il faut substituer un son par un autre, par exemple, alors les bilingues et les monolingues ne peuvent pas être différenciés.

Si nous passons à des tâches uniquement cognitives, à nouveau grâce aux travaux d'Ellen Bialystok, parmi d'autres, nous trouvons une nouvelle fois que dans les tâches qui ont besoin d'une attention sélective ou un contrôle inhibitoire, les bilingues s'en sortent souvent mieux que les monolingues. Ces capacités font partie des fonctions exécutives (connues aussi sous le terme général de « contrôle exécutif ») qui font référence à des processus cognitifs complexes de haut niveau, tels que l'attention sélective, l'inhibition, la sélection, l'anticipation, la planification, etc. Prenons un exemple. Ellen Bialystok et Lili Senman ont présenté divers objets à des enfants monolingues et bilingues entre 4 et 5 ans, dont une éponge qui ressemblait à un caillou : « Regarde ce que j'ai. Tu peux me dire ce que c'est ? » La plupart des enfants ont répondu correctement qu'il s'agissait d'un caillou. Elles révélaient alors qu'il s'agissait d'une éponge et posaient d'autres questions : « Quand tu l'as vu pour la première fois, tu pensais que c'était quoi ? », « Qu'est-ce que c'est exactement ? » Cette question-ci était la plus difficile pour les enfants (la réponse attendue était : « C'est une éponge »), car les traits perceptifs de l'objet – le fait qu'il ressemblait à un caillou – devaient être ignorés ou inhibés. Autant les deux groupes d'enfants produisaient les mêmes résultats pour les questions sur l'aspect, autant les enfants bilingues réussissaient mieux sur la question ayant trait à sa réalité physique. Clairement, ceux-ci étaient plus en avance dans le contrôle inhibitoire que ne l'étaient les enfants monolingues[42].

Ellen Bialystok et son équipe ont montré par la suite que cet avantage cognitif chez les bilingues continue toute la vie[43]. Ainsi, des adultes, jeunes et âgés, ont effectué plusieurs tâches qui testent l'« effet de comptabilité spatiale », également appelé l'« effet Simon ». Parmi elles, les participants voient un carré rouge ou un carré vert sur un écran d'ordinateur ; s'il s'agit d'un carré rouge, ils appuient sur une touche prédéterminée du clavier qui est à droite, et s'il s'agit d'un carré vert, sur une touche qui est à gauche. La condition congruente correspond à la situation où le carré rouge est du même côté que la touche sur le clavier (à droite), et où le carré vert apparaît à gauche, comme la touche sur laquelle il faut appuyer. Dans l'autre condition (intitulée « incongruente »), les carrés changent de position (le carré rouge apparaît à gauche et le carré vert à droite) mais les touches restent aux mêmes endroits. L'effet est mesuré par le temps additionnel nécessaire à la résolution du conflit dans la seconde condition par rapport à la première. Un effet Simon peu élevé montre que le sujet parvient à résister à l'interférence suscitée par la différence de la position du carré par rapport à la touche réponse. Les résultats ont montré que l'effet Simon était plus grand pour les monolingues que pour les bilingues, dans les deux groupes d'âge, ce qui montre que l'avantage cognitif se maintient avec l'âge chez les bilingues.

Comment cet effet s'explique-t-il? Selon les auteurs, la personne bilingue doit contrôler quotidiennement la langue qu'elle parle (la langue de base) ainsi que l'utilisation du parler bilingue (alternances de code et emprunts). Ces opérations linguistiques font appel aux mêmes fonctions exécutives que des tâches d'interférence comme celles de l'effet Simon. Les personnes bilingues ayant plus de pratique au niveau de l'attention sélective ou du contrôle inhibitoire au niveau linguistique que les monolingues, elles réussissent mieux ces tâches cognitives.

Une personne monolingue peut-elle tout de même obtenir des résultats qui ressemblent à ceux des bilingues sans pour autant apprendre et se servir d'une autre langue? Les recherches récentes répondent par l'affirmative. En effet, d'autres activités telles que faire des études, jouer d'un instrument de musique, faire de l'exercice, et même jouer à des jeux vidéo amélioreraient les fonctions exécutives; le bilinguisme viendrait simplement s'ajouter à cette liste.

Il y a quelques années, Bialystok et son équipe ont fait une découverte surprenante en étudiant le développement de la démence chez des personnes âgées, monolingues et bilingues[44]. Ils ont tout d'abord examiné près de 200 patients et les ont divisés en deux groupes de taille quasi identiques, les monolingues et les bilingues. En prenant en compte l'âge de début de la démence, estimé par les familles, ils ont trouvé que les monolingues avaient en moyenne 71,4 ans lorsque la maladie s'est installée alors que les bilingues avaient 75,5 ans, une différence de 4,1 ans. En somme, la démence se déclarait bien plus tard chez les bilingues. Une étude complémentaire menée avec des patients monolingues et bilingues souffrant de la maladie d'Alzheimer a donné des résultats similaires. Comme dans la première étude, les deux groupes présentaient le même déficit cognitif général mais encore une fois les bilingues avaient débuté leur maladie plus tard que les monolingues (une différence de 5,1 ans cette fois-ci). Après avoir contrôlé une série de facteurs potentiellement biaisant (mais la liste n'était peut-être pas exhaustive), les auteurs ont conclu que le bilinguisme protège les activités cognitives des effets négatifs de la neurodégénérescence. Bien entendu, il n'empêche pas l'arrivée de la maladie, mais il la retarde de plusieurs années, d'autant plus si les bilingues font d'autres activités qui améliorent les fonctions exécutives.

Terminons en nous posant la question de savoir si des enfants en programme d'immersion bilingue profitent des mêmes avantages que les enfants qui sont devenus bilingues plus naturellement, comme ceux qui parlent une langue à la maison et l'autre en dehors. Ellen Bialystok et ses collègues ont étudié la conscience métalinguistique d'enfants anglophones en devenir bilingue dans un programme d'immersion en français au Canada[45]. Ils ont testé deux groupes, l'un en deuxième année scolaire et l'autre en cinquième année. Les tâches portaient sur la conscience morphologique et syntaxique et sur la fluidité verbale. Les auteurs ont trouvé que les avantages métalinguistiques apparaissaient graduellement et étaient déjà visibles chez ces enfants, surtout ceux de cinquième année. Quant aux avantages au niveau du contrôle exécutif, les psychologues belges Anne-Catherine Nicolay et Martine Poncelet ont comparé des enfants francophones dans un programme de troisième année monolingue et des enfants du même âge dans un programme d'immersion en anglais[46]. Elles ont trouvé que dans quatre tâches sur six, les bilingues réussissaient mieux que les monolingues. C'est d'autant plus remarquable que les enfants dans le programme d'immersion n'avaient eu que trois ans d'enseignement bilingue et qu'ils se servaient moins de l'anglais que s'ils étaient des bilingues précoces. Et pourtant, l'expérience de l'immersion avait déjà produit quelques-uns des avantages cognitifs associés au bilinguisme. Ces résultats sont très encourageants pour tous ceux qui se consacrent à l'éducation bilingue – enseignants, parents, et les enfants eux-mêmes, bien entendu.

Le biculturalisme

Depuis un article de James Soffietti paru en 1960, nous savons que la relation entre bilinguisme et biculturalisme n'est pas aussi transparente que l'on imaginait[47]. Une personne peut être à la fois bilingue et biculturelle, mais aussi bilingue et monoculturelle, monolingue et biculturelle, et enfin monolingue et monoculturelle. De nombreuses personnes sont bilingues sans être biculturelles, telles que les membres d'une société diglossique (par exemple, un Égyptien qui utilise l'arabe dialectal et l'arabe classique mais qui a toujours vécu en Égypte), les habitants d'un pays où il existe une *lingua franca* et/ou une langue de l'éducation en plus de langues locales (par exemple, des Kényans trilingues langue locale, swahili et anglais qui ne connaissent que la culture kényane), ainsi que les très nombreux apprenants d'une langue seconde qui s'en serviront ensuite d'une manière régulière, et seront donc bilingues, mais qui n'iront jamais vivre dans le(s) pays en question. Inversement, il existe de nombreux monolingues biculturels tels que ceux qui s'installent dans un autre pays qui parle la même langue mais où la culture est très différente (par exemple, le Britannique installé aux États-Unis depuis de nombreuses années), ou ceux qui sont à la fois membres d'une communauté spécifique et de la majorité d'un pays, mais ne connaissent qu'une seule langue (par exemple, le Basque qui continue à participer aux événements basques de sa région mais qui ne connaît et ne parle que le français).

Comment caractériser la personne biculturelle ?
Lorsque l'on s'invite dans le domaine de l'ethnologie et de la psychologie sociale, on est frappé par le désaccord qui règne entre chercheurs à propos de la notion même de culture, aussi grand que celui qui existe autour de la notion de langue en linguistique. Différentes écoles de pensée mettent l'accent sur différents facteurs dans leur définition de la culture, tels que le comportement des individus, leur connaissance culturelle (connaissance des règles sous-tendant le comportement, les coutumes, les activités, les attitudes), leur identité culturelle, l'organisation de leurs réseaux sociaux, économiques,

géographiques, etc. Le non-spécialiste en conclut très vite
qu'il y a plusieurs manières de définir le terme «culture» et
qu'il devra choisir une définition qui lui est propre. Dans
notre perspective, nous considérerons tous les aspects de la
vie d'un groupe comme faisant partie de la culture de ce
groupe : organisation sociale et politique, règles, comportements, attitudes, croyances, valeurs, habitudes, traditions,
art, etc. Ce faisant, nous ne nous éloignons guère de la définition d'autres chercheurs tels que Benoît Virole, qui évoque
l'ensemble des règles, des codes de conduites, et des valeurs
idéologiques qui fondent une société[48], ou Yves Delaporte,
ethnologue, qui met l'accent sur l'ensemble de savoirs, de
représentations, de symboles, de pratique, et de rituels se
transmettant de génération en génération[49].

Mais cela ne résout pas complètement le problème, car
il faut se demander : culture de qui? Est-ce celle d'un pays,
d'une région, d'une classe sociale, d'un groupe d'âge, d'un
groupe social, d'un groupe économique? Nous acceptons,
avec beaucoup d'autres, que tout individu appartient à une
série de réseaux culturels (sous-groupes, autres cultures) qui
se chevauchent plus ou moins (partagent certains aspects,
certaines règles) et qui se regroupent en réseaux plus étendus, qui eux-mêmes se regroupent en réseaux encore plus
étendus, et ainsi de suite. À chaque niveau on s'identifie
avec le réseau en question et on adopte les traits culturels
de celui-ci.

Si ce phénomène reflète en partie la réalité, alors tout
individu est en quelque sorte «multiculturel», même s'il
n'est jamais entré en contact avec une autre culture majeure

ou nationale (comme est bi- ou plurilingue, d'une certaine manière, le locuteur dit monolingue qui change et/ou mélange les niveaux de langue, de variété linguistique, de style, selon la situation, le locuteur, le sujet et le but recherché dans la communication). La question qui se pose est la suivante : pourquoi est-il possible d'appartenir à plusieurs réseaux culturels à l'intérieur d'une même culture, majeure ou nationale, et pourquoi l'est-ce moins lorsqu'un individu se réclame de deux ou de plusieurs cultures majeures ou nationales? Cheminot et père de famille, oui; socialiste et catholique, oui; Breton et Parisien, oui encore; mais Anglais et Français, ou Indien et Pakistanais : cela est déjà moins acceptable. La réponse à cette énigme devra certainement être trouvée parmi des facteurs tels que l'hégémonie d'une nation, sa politique nationale, l'ethnocentrisme qui en découle, les notions de loyautés nationales et régionales, etc. Ces facteurs feront que certains réseaux culturels seront considérés comme complémentaires, tandis que d'autres seront concurrents.

Afin de nous faciliter la tâche, nous évoquerons avant tout la personne biculturelle qui appartient à deux cultures majeures, tout en se rappelant que nous appartenons tous à de nombreux réseaux culturels. Cela nous permettra de mieux isoler les caractéristiques du biculturalisme, comme il est plus aisé d'étudier les caractéristiques du bilinguisme chez une personne qui possède deux langues bien distinctes. Nous pourrons ensuite mieux étudier d'autres cas de biculturalisme, comme ceux issus de contacts de réseaux «mineurs», ou des cas de triculturalisme.

En vérité, il existe très peu de définitions de la personne biculturelle. Parmi celles qui sont proposées, nous trouvons une dichotomie similaire à celle du bilinguisme, avec deux facteurs définitoires : la connaissance d'une culture et la participation à cette culture. Par exemple, les chercheurs américains David Luna, Torsten Ringberg et Laura Peracchio mettent l'accent sur la connaissance quand ils proposent que les biculturels possèdent deux ensembles distincts et complets de structures de connaissance, une pour chaque culture[50]. D'autres privilégient la participation à deux cultures. Ainsi, dès 1983, j'ai caractérisé la personne biculturelle à l'aide de trois traits distinctifs[51] :

• Elle participe, au moins en partie, à la vie de deux ou de plusieurs cultures de manière régulière. C'est le cas, par exemple, de la personne d'origine chinoise qui habite en France et qui participe à la fois à la vie de la communauté chinoise de France et à celle de la culture majoritaire.

• Elle sait adapter, partiellement ou de façon plus étendue, son comportement, ses habitudes, son langage (s'il y a lieu) à un environnement culturel donné. Il y a ici un aspect dynamique où le biculturel choisit sa façon d'être selon la culture dans laquelle il se trouve à ce moment-là. Dans le cas de la personne chinoise, cela voudrait dire choisir la langue appropriée ainsi que le comportement adéquat selon qu'elle est avec d'autres Chinois ou avec des membres de la majorité francophone.

• Enfin, elle combine et synthétise des traits de chacune des cultures. Certains comportements, attitudes, croyances, valeurs, etc. proviennent de l'une ou l'autre culture (c'est la partie combinaison), d'autres n'appartiennent plus ni à l'une ni à l'autre mais en sont une synthèse ; c'est cette synthèse qui rend l'être biculturel unique et spécifique.

De manière totalement indépendante, et plus de vingt ans plus tard, Angela-MinhTu Nguyen et Verónica Benet-Martínez ont défini le biculturalisme de la même manière : les biculturels ont été exposés à deux cultures qu'ils ont intériorisées ; le biculturalisme entraîne la synthèse des normes des deux cultures en un seul répertoire comportemental, ainsi que la capacité à passer de schémas et de comportements dans une culture à ceux de l'autre en réponse à certains signaux culturels[52]. Ces auteurs ne mentionnent que deux cultures mais leurs traits sont facilement transférables à des personnes qui interagissent avec un plus grand nombre de cultures.

Nous observons donc chez la personne biculturelle un côté encore adaptable et contrôlable (comportement approprié selon la situation, le contexte, etc.) et un aspect plus figé : les éléments de la synthèse sont toujours présents et ne peuvent plus être adaptés à des situations données. La grande différence avec le bilinguisme est que le bilingue peut, quand il le faut, se comporter exclusivement (ou presque) en monolingue, même si sa maîtrise de l'une des langues est loin d'être parfaite, alors qu'il sera beaucoup plus difficile ou impossible pour une personne biculturelle de dissocier totalement les cultures qu'elle porte en elle ; certains aspects resteront sous forme de synthèse (attitudes et valeurs, expression corporelle, comportements, goûts vestimentaires, etc.), même lorsque la situation requiert que la personne se comporte de manière monoculturelle.

Voici encore quelques traits qui, à première vue, pour-raient entrer dans une définition de la personne bicultu-relle*, mais comme ils sont discutables, j'ai préféré ne pas les inclure dans cette description du biculturalisme. Un pre-mier trait touche à l'identité culturelle. Pour certains, être biculturel signifie passer par une identification quasi totale avec les deux cultures en question. Or de nombreux bicul-turels, en fait, ne s'identifient qu'avec une seule des deux cultures, ou avec l'autre, ou même avec aucune d'elles, tout en restant biculturels. Un deuxième trait proposé par cer-tains est l'acceptation de son propre biculturalisme. Mais de nombreux biculturels ne le reconnaissent pas et/ou ne l'acceptent pas. Notons que le même phénomène existe au niveau du bilinguisme où l'individu reconnaît utiliser deux langues dans la vie de tous les jours mais n'accepte pas d'être catégorisé comme «bilingue». Un troisième trait concerne la manière dont la personne est devenue biculturelle. D'au-cuns pensent qu'il faut avoir grandi dans deux cultures pour être un «vrai biculturel», alors qu'on peut très bien devenir biculturel à l'adolescence ou à l'âge adulte, comme bilingue d'ailleurs.

Ce fait est lié à un quatrième trait, le degré de connais-sance des deux cultures. Certains voudraient que le «vrai» biculturel connaisse complètement les cultures en question. Or le besoin de participer à certains aspects d'une culture, et

---

* Dans ce qui suit, nous nous concentrons sur deux cultures, mais ce qui est proposé s'applique également aux personnes qui participent à la vie d'un plus grand nombre de cultures.

pas à d'autres, fera que la personne biculturelle développera une compétence culturelle spécifique à ses besoins et non pas une compétence globale. Dans ce cas, le « vrai biculturel » est aussi rare que le « vrai bilingue ». La plupart auront une dominance culturelle, à savoir que leur vie se passera davantage dans une culture que dans l'autre.

Autres facteurs proposés : se sentir à l'aise dans les deux cultures (ce n'est pas toujours le cas, malheureusement), être reconnu comme biculturel (c'est encore moins souvent le cas), ou être accepté par les deux cultures en question. Sur ce point, Josiane Hamers et Michel Blanc stipulent que la personne biculturelle est quelqu'un qui s'identifie positivement avec l'un et l'autre groupes culturels auxquels elle appartient, et qu'elle est reconnue par les membres de chacun des groupes comme une des leurs[53]. Or de nombreux biculturels ne s'identifient pas avec l'un ou l'autre groupe, ou même les deux, et il est rare que les deux cultures les acceptent tels quels. Ils restent biculturels, cependant, selon la définition donnée ci-dessus. Étant donné que tous ces traits posent problème, nous ne les avons pas inclus dans la définition du biculturalisme.

Terminons avec deux cas de biculturalisme exceptionnel. Le premier concerne le biculturel qui, pour des raisons de migration, par exemple, ne participe plus à la vie d'une des cultures. Est-il toujours biculturel ? Notons que la même question se pose pour le bilingue qui n'utilise plus une de ses deux langues. À notre avis, cette personne reste biculturelle parce qu'elle continue à synthétiser certains traits des deux cultures. Ce n'est que lorsque ces traits se seront

171

restructurés, et ne refléteront plus qu'une seule culture, que la personne deviendra totalement monoculturelle. Le second cas concerne la personne qui s'identifie à deux cultures mais qui ne participe à la vie que d'une seule et qui ne synthétise pas les traits de ces deux cultures (le Français dont les grands-parents ont émigré de Pologne il y a deux générations, par exemple, qui se dit français et polonais, alors qu'il peut n'avoir aucun trait de la culture polonaise). Cette situation, de plus en plus fréquente dans un monde occidental à la recherche de ses racines, présente une forme de biculturalisme symbolique qui mérite qu'on s'y intéresse, mais que nous ne pourrons pas aborder ici.

Pour conclure, soulignons à nouveau que la personne biculturelle combine et synthétise à des degrés divers les aspects des deux cultures; elle est, à l'échelon individuel, ce que pourrait devenir une culture de contact. Elle n'est ni la somme des deux cultures en question, ni le réceptacle des deux cultures distinctes, mais une entité qui combine et synthétise les aspects et les traits de ces deux cultures, de façon originale et personnelle. Elle a donc sa propre compétence culturelle, sa propre expérience, sa propre écologie; ce n'est que lorsque cette réalité sera comprise et acceptée que l'on pourra enfin découvrir et décrire cette personne et lui permettre d'assumer sa propre spécificité.

Devenir biculturel

Une personne devient biculturelle parce qu'elle est mise en contact avec deux cultures (ou plus) et doit vivre, au moins en partie, dans ces cultures. Cela peut avoir lieu dès l'enfance (l'enfant naît dans une famille qui est déjà biculturelle ou a des contacts quotidiens avec les deux cultures) et peut continuer tout au long de la vie. Ainsi, certains enfants d'une minorité culturelle abordent la deuxième culture en entrant à l'école, des adolescents sont obligés de poursuivre leur éducation au sein d'une deuxième culture, des adultes émigrent pour des raisons économiques, politiques ou religieuses, des « migrants » de la deuxième ou troisième génération redécouvrent leur culture d'origine à l'âge adulte, etc. Une ethnopsychologie du biculturalisme devra un jour spécifier les opérations cognitives et sociales du devenir biculturel et expliquer en quoi elles changent selon l'âge, l'origine sociale et culturelle des individus, et les causes du contact (migration, scolarité, etc.).

Les recherches sur le biculturalisme se sont concentrées avant tout jusqu'ici sur l'acculturation de la personne migrante. Elles ont décrit les étapes d'adaptation qu'elle parcourt dans la société d'immigration : chocs culturels, isolement, repli sur soi, mais aussi parfois suradaptation, acculturation plus ou moins rapide selon l'importance et la concentration du groupe migrant, la présence ou non d'enfants, l'attitude de la société vis-à-vis de ce même groupe, la « fossilisation » de cette adaptation à un degré d'équilibre au sein des deux cultures nécessaire pour la vie de tous les jours, etc. Ces recherches traitent aussi de l'idéalisation par le migrant du pays d'origine, du discours qu'il en a, du « choc du retour » dans la culture d'origine où la réalité ne correspond pas (ou plus) à ce dont il avait rêvé, et de l'acceptation plus ou moins permanente d'un état de migration (souvent

173

«pour les enfants qui sont nés ici»). Cependant, il est rare d'y trouver des éléments d'analyse sur le biculturalisme qui découlent de cette migration ; ces études décrivent plutôt, dans les modèles qu'elles proposent, le passage transitoire d'un monoculturalisme à un autre. Le migrant n'est pas perçu comme un tout qui combine et synthétise certains aspects des deux cultures, un être culturel à part entière, mais plutôt comme un être qui n'est plus tout à fait membre de la culture A et qui n'est pas (encore ?) membre de la culture B. Elles prônent alors, selon les opinions politiques de ses auteurs, un retour à la culture d'origine, une intégration totale dans la culture d'immigration, un maintien actif de la culture d'origine, mais rarement l'acceptation et le développement du biculturalisme. Et pourtant, le migrant qui entre en contact avec une société d'accueil à l'âge adulte et qui y vit pendant un certain nombre d'années reste rarement monoculturel, mais devient, à un certain degré, biculturel, combinant et synthétisant ainsi l'une et l'autre culture.

Un des aspects les plus intéressants du devenir biculturel est la dynamique qui se développe dans la famille migrante. On y trouve souvent une tension entre le désir d'adaptation à la culture d'immigration chez les enfants de deuxième génération et le désir de maintien de la culture d'origine chez les parents. De nombreux récits et études autobiographiques ont mis l'accent sur les conséquences souvent pénibles qui résultent de cette tension : querelles familiales, blocages, ruptures, etc. Ce qui est difficile dans cette situation est que la position tranchée des antagonistes est souvent dictée par les deux cultures en question et non choisie par les personnes concernées. Les membres de la culture d'origine font pression sur les parents pour qu'ils ne «laissent pas partir» les enfants dans l'autre culture, tandis que ceux-ci se sentent poussés par la société d'immigration (camarades d'école, par exemple) à renoncer à la culture de leurs parents. Nombre d'entre eux choisiront cette voie du rejet de la culture d'origine, mais le regretteront souvent à l'âge adulte. Situation d'autant plus insatisfaisante que parents et enfants combinent et synthétisent – certes à des degrés divers – les traits de chacune des deux cultures, mais ni la culture d'origine ni la culture d'immigration ne leur donnent l'occasion, sinon le droit, d'assumer et de vivre leur biculturalisme.

Pour les personnes qui sont à la fois bilingues et biculturelles, il est intéressant de noter que chaque composante peut se développer à des moments différents. Par exemple, un enfant peut acquérir deux langues très tôt, à l'intérieur d'une seule culture, et seulement plus tard entrer en contact avec l'autre culture. C'est le cas dans certaines sociétés diglossiques comme la Suisse alémanique. L'enfant acquiert dans ses premières années le suisse allemand et l'allemand standard mais, à l'exception de ceux qui ont un parent allemand ou autrichien, il reste monoculturel à l'intérieur de la société suisse. Il se peut que, plus tard, il parte s'installer en Allemagne ou en Autriche : c'est à ce moment-là seulement qu'il commencera à devenir biculturel. L'inverse peut avoir lieu aussi. Par exemple, les enfants d'une famille juive pratiquante en France peuvent être monolingues en français mais en partie biculturels. Après quelques années ou à l'âge adulte, lors d'un séjour prolongé en Israël, ils pourront apprendre l'hébreu et deviendront peu à peu bilingues. Certes, les développements du bilinguisme et du biculturalisme peuvent être synchrones aussi – et le sont souvent – mais il faut retenir la possibilité que ce n'est pas toujours le cas.

Retenons aussi que le biculturalisme d'une personne peut évoluer tout au long d'une vie. Pour les raisons semblables à celles du bilinguisme (immigration, début de la scolarité, entrée dans la vie active, mise en couple, décès d'une personne proche, etc.), la dominance culturelle d'une personne peut évoluer. Ainsi, la première culture, comme la première langue, peut se trouver en position affaiblie après de nombreuses années de contact avec la deuxième culture jusqu'à ce qu'il y ait attrition de la première, ce qui aura lieu lorsque le contact est fortement réduit ou même arrêté pendant une certaine période. La conséquence sera que la personne biculturelle ne pourra plus adapter aussi bien son comportement, ses habitudes, ses valeurs, son langage (s'il y a lieu) à cette culture affaiblie. De plus, la synthèse des deux cultures se fera de plus en plus en faveur de la culture dominante.

Être biculturel

Le modèle des modes langagiers de la personne bilingue qu'on a vu au chapitre 2 peut être adapté à la personne biculturelle en faisant quelques modifications. Ainsi, le biculturel choisirait en partie ses comportements, idées, attitudes, etc. en fonction du mode, monoculturel ou biculturel, dans lequel il se trouve. En mode monoculturel, il tente de désactiver son autre «côté culturel», et de s'adapter aux situations différentes telles que recevoir des amis mono-culturels, avoir une réunion de travail selon les normes de la culture en question, interagir avec des personnes qui ne connaissent que cette culture, s'habiller selon les normes de la culture, etc. Par exemple, en rencontrant un entendant, la personne sourde lui offrira sa main (au lieu de le saluer gestuellement); elle se présentera de manière simple (sans faire appel à sa parenté, à l'école qu'elle a fréquentée, et aux amis qu'ils pourraient avoir en commun, ce qui arrive sou-vent lorsqu'on est entre sourds); pour attirer son attention, elle ne le touchera pas (contrairement à ce qui se passe entre personnes sourdes), et elle gardera une certaine distance tout en cherchant à ne pas trop fixer visuellement la per-sonne entendante (à l'opposé de ce qui se passe lorsque l'on signe); en la quittant, elle écourtera l'au revoir, car ceux des entendants sont relativement brefs en général[54].

Cela dit, à cause de l'aspect de synthèse déjà mentionné, des comportements, attitudes et réactions, entre autres, ne seront pas totalement adaptés à la situation et seront donc affectés par l'autre culture. Cette forme d'interférence culturelle statique se distingue de ce qui se passe au niveau du bilinguisme, où la personne arrive normalement à désac-tiver en très grande partie l'autre langue afin de n'utiliser qu'une seule langue en mode monolingue. Ce n'est pas le cas chez la personne biculturelle, qui montre des traces de son autre culture au niveau du langage corporel, de l'espace qu'elle laisse entre elle et les autres, des sujets de conversa-tion qu'elle aborde, et de comportements aussi quotidiens qu'attirer l'attention d'un garçon dans un café, donner un pourboire, faire la queue pour prendre le bus, etc.

En mode biculturel, dans lequel la personne biculturelle se trouve avec d'autres biculturels comme elle, elle adopte un comportement de base – celui de l'une ou l'autre culture –, un peu comme le choix d'une langue de base au niveau du bilinguisme. Ensuite, elle incorpore, selon le moment, la situation et le besoin, des aspects de l'autre culture ; elle fait, en quelque sorte, des alternances de code et des emprunts au niveau des traits et comportements culturels. Cela peut même inclure un changement du comportement de base pour marquer qu'elle appartient, comme les personnes qui l'entourent, à deux cultures différentes. Ces moments sont précieux pour une personne biculturelle car elle n'a plus besoin de se surveiller et peut se relaxer avec des personnes qui lui ressemblent. Les biculturels disent souvent que leurs meilleurs amis sont des personnes comme eux, avec qui il est possible de passer d'un comportement à l'autre, sans contraintes ni réactions d'incompréhension.

Les avantages à être biculturel sont nombreux : pouvoir vivre et interagir dans plusieurs cultures et réseaux, être conscient des différences entre les cultures et pouvoir les expliquer à d'autres, être disponible comme intermédiaire entre cultures, etc. « Ceux parmi eux qui pourront assumer pleinement leur diversité serviront de "relais" entre les diverses communautés, les diverses cultures, et joueront en quelque sorte le rôle de "ciment" au sein des sociétés où ils vivent[55] », écrit Amin Maalouf. Outre ces avantages évidents, des travaux académiques commencent à révéler des bénéfices moins visibles mais tout aussi importants. Par exemple, Carmit Tadmor, Adam Galinsky et William Maddux ont montré que des participants biculturels à une expérience de créativité qui devaient proposer différents usages pour des objets qu'on leur montrait généraient plus d'idées que les participants monoculturels. Il y avait aussi plus de créateurs d'entreprises et d'inventeurs parmi les biculturels et ils étaient promus plus rapidement dans leurs entreprises et avaient une meilleure réputation que les monoculturels. Les auteurs expliquent leurs résultats en termes de complexité intégrative : la capacité d'accepter que différentes perspectives soient en compétition dans une situation donnée et l'aptitude à créer des liens entre elles seraient plus élevées chez les biculturels[56].

Un changement de personnalité?

Que de fois n'avons-nous pas entendu des bilingues biculturels exprimer le fait qu'ils semblent changer de personnalité lorsqu'ils changent de langue. Telle personne dit être timide et hésitante dans une langue, mais extravertie et gaie dans l'autre; telle autre rapporte qu'elle est polie et détendue dans un de ses idiomes, mais anxieuse et abrupte dans l'autre, etc. Se pourrait-il qu'il y ait une part de vérité dans le proverbe tchèque : «Une nouvelle langue procure une nouvelle âme»? Malgré les nombreux témoignages que l'on entend, les études empiriques manquent cruellement. Susan Ervin, pionnière dans le domaine, a montré que les participants bilingues et biculturels à ses expériences racontaient des histoires différentes dans leurs différentes langues à partir des dessins figuratifs représentant des situations ambiguës qu'elle leur montrait*. Les adultes d'origine française ayant vécu au moins douze ans aux États-Unis ont fait la tâche une première fois dans une langue et, six semaines plus tard, une deuxième fois dans l'autre[57].

La chercheuse a révélé que trois variables étaient présentes dans les récits obtenus : l'agression verbale envers les autres, le retrait et la réussite. Pour un même dessin, une femme a indiqué en français qu'un homme voulait quitter sa femme pour une autre qu'il aimait davantage, mais en anglais que cet homme allait suivre des cours du soir à l'université afin d'obtenir une meilleure situation et que son épouse l'aiderait à atteindre son objectif.

Quelques années plus tard, travaillant cette fois-ci avec des bilingues et biculturels anglais-japonais, Ervin a donné des phrases à compléter. « Quand mes désirs sont en conflit avec ceux de ma famille... », par exemple. Elle a obtenu de la part d'une participante deux continuations très différentes selon la langue : « C'est un moment de grande tristesse » en japonais, et « Je fais ce que je veux » en anglais. L'auteur a relevé beaucoup plus d'émotion ayant trait à l'amour, l'infidélité et la perte de quelqu'un de cher dans les énoncés japonais, qui concernaient avant tout des parents. Par contre,

---

* Lorsque des personnes font cette tâche TAT (*Thematic Apperception Test*), dans laquelle on leur présente des dessins de situations ambiguës, ils projettent dans leurs commentaires des aspects de leur personnalité, tels que leurs attitudes, leurs sentiments, leurs motivations, etc.

dans les réponses anglaises, les personnes étaient distantes et froides et les rapports entre elles plutôt formels[58].

Ce type d'étude a été repris quarante plus tard par David Luna, Torsten Ringberg et Laura Peracchio, qui ont demandé à des participantes bilingues et biculturelles anglais-espagnol aux États-Unis d'interpréter et de commenter des publicités dans une langue et ensuite, six mois plus tard, dans l'autre. Les publicités montraient des femmes qui se livraient à différentes activités et les questions étaient du type : « Que fait la femme dans la publicité ? », « Que ressent-elle ? », etc. Les auteurs ont trouvé que dans les réponses espagnoles, les femmes étaient perçues comme étant fortes, intelligentes, ambitieuses, industrieuses et extraverties, alors que dans les réponses anglaises elles étaient plus traditionnelles, dépendantes des autres, et orientées vers la famille[59].

À première vue, on aurait donc tendance à conclure qu'il y a un peu de vérité dans le proverbe tchèque et que l'on change de personnalité lorsqu'on change de langue. Mais ce n'est sans doute pas le cas. Dès 1982, j'ai proposé une autre interprétation : il y aurait tout simplement une modification du comportement et des attitudes due au changement du contexte, de la situation et de l'interlocuteur, indépendamment de la langue[60]. Ceux qui participaient à ces études se comportaient comme de vrais biculturels, qui s'adaptent à un environnement culturel donné. D'ailleurs, Susan Ervin avait proposé une interprétation similaire lors de ses études, à savoir qu'un changement de langue est associé à un changement de rôle social et d'attitudes émotionnelles. Chaque langue étant utilisée avec des personnes différentes et dans des contextes variés, on a tendance à créer un lien de cause à effet entre un changement de langue et un changement de comportement et d'attitude. Mais la langue elle-même n'est pas la cause de ce changement; elle ne fait que le suivre. S'il en faut la preuve, il n'y a qu'à observer des personnes biculturelles monolingues. Elles n'utilisent qu'une seule langue, mais cela ne les empêche pas de modifier leurs comportements, leurs attitudes et même leurs croyances selon les situations et les personnes à qui elles s'adressent.

Quelle identité?

Quel est le biculturel qui ne s'est pas posé la question de savoir qui il était et à quelle culture il appartenait? Son dilemme est souvent que les membres monoculturels d'une culture donnée ne savent pas comment le catégoriser : est-il membre de la culture A, de la culture B, ou même, question assez rare, d'une nouvelle culture? Car cette catégorisation semble nécessaire pour faciliter l'interaction sociale : « Dis-moi qui tu es et je pourrai adapter ou non mon comportement au tien, essayer ou non de te comprendre, t'intégrer ou te rejeter. » Dans leur démarche, les monoculturels se fondent sur certains traits, tels que le lieu de naissance du biculturel, sa parenté, ses langues, sa nationalité, ses traits physiques, son prénom et son nom, et les préjugés, positifs ou négatifs, qu'il a envers l'autre groupe culturel. Nancy Huston pense que le trait le plus important pour ces personnes est la nationalité : « Cette information se cristallisera dans leur esprit, se figera, deviendra votre trait le plus saillant, *la qualité qui, entre toutes, vous définit et vous*

182

décrit. Vous serez *la* Russe, *le* Néo-Zélandais, *le* Sénégalais, *la* Cambodgienne[61]...» Dès lors, telle personne appartient à «mon groupe» ou à l'autre et cette catégorisation, malheureusement, est le plus souvent absolue : il est difficile d'admettre qu'on puisse appartenir à deux ou plusieurs groupes («soit tu es des nôtres, soit tu ne l'es pas», «soit tu es avec nous, soit tu es contre nous»). Amin Maalouf s'élève contre cette mise en demeure de «choisir son camp» à cause des habitudes de pensée et d'expression ancrées en nous qui réduisent l'identité à une seule appartenance[62]. Les «monoculturels» des cultures A et B catégorisent donc souvent le biculturel comme appartenant à A ou à B et le font savoir avec des remarques allant de «Nous autres, A...» (incluant ainsi le biculturel dans le groupe), à «Qu'est-ce que vous autres, B...», jusqu'à «Sale B!».

Face à cette double catégorisation parfois contradictoire (la culture A vous renvoyant dans la culture B et la culture B dans la culture A), le biculturel doit lui-même choisir ses propres appartenance et identité. Il prend en compte la perception des membres des cultures A et B mais aussi son attitude vis-à-vis des deux cultures, son histoire personnelle, son statut social, sa parenté, ses besoins d'identité, son aspect physique, et il s'identifie et appartient uniquement à la culture A; s'identifie et appartient uniquement à la culture B; rejette l'une et l'autre culture, et ne s'identifie ni n'appartient à aucune; s'identifie et appartient aux deux cultures dans une perspective biculturelle.

Les trois premiers de ces choix ne reflètent pas la vraie spécificité du biculturel, à savoir qu'il appartient aux deux cultures, au moins en partie. De plus, ils mènent fréquemment à des déchirements personnels, familiaux et sociaux, qui laisseront trop souvent de profondes cicatrices. Et pourtant, ces choix sont faits à maintes reprises dans notre monde d'aujourd'hui, qui ne sait, ou ne peut, accepter la différence, la double appartenance, le fait que l'on puisse être à la fois A et B. Ce phénomène de catégorisation, imposé par les cultures, est assumé et amplifié par certains biculturels eux-mêmes, ce qui conduit nombre d'entre eux à s'intégrer coûte que coûte dans une des deux cultures, quitte à rejeter l'autre, ou à se retrouver exclus de l'une et de l'autre. Le cas des enfants de migrants de deuxième et de troisième génération est ici significatif; ils sont souvent rejetés à la fois par la société française, qui voit en eux des étrangers, alors que nombre d'entre eux sont français[63], et par le pays d'origine, qui les considère comme des émigrés ou des personnes de culture française. Devant ce double rejet, certains optent pour l'une ou l'autre culture (et font tout pour s'intégrer à contre-courant) tandis qu'une grande partie d'entre eux se marginalise, se disant «de nulle part», «ni d'ici ni d'ailleurs», «à cheval entre deux cultures», «à la recherche de leur identité». Certains, il est vrai, trouvent une solution à ce problème en s'identifiant à un tout autre réseau, celui de la musique, du théâtre ou du sport, par exemple, ou à un réseau plus vaste, tel que le réseau européen, méditerranéen, etc.

Les termes négatifs qui les caractérisent – marginaux, déracinés, hybrides, écartelés, aliénés, ambivalents, sans patrie, expatriés, métissés, caméléons, et même, traîtres – reflètent bien le phénomène de double exclusion dont souffrent souvent les biculturels, qui se demandent si un jour viendra où les monoculturels pourront les accepter tels qu'ils sont, les laissant assumer leur identité propre. «Quiconque revendique une identité complexe se trouve marginalisé», constate Amin Maalouf, qui donne l'exemple du jeune homme né en France de parents algériens, qui porte en lui deux appartenances et qui devrait pouvoir les assumer l'une et l'autre; cela devrait être une expérience enrichissante s'il pouvait la vivre pleinement, si on l'encourageait à assumer sa diversité. «À l'inverse, son parcours peut s'avérer traumatisant si chaque fois qu'il s'affirme français, certains le regardent comme un traître, voire comme un renégat, et si chaque fois qu'il met en avant ses attaches avec l'Algérie, son histoire, sa culture, sa religion, il est en butte à l'incompréhension, à la méfiance ou à l'hostilité[64].»

Une solution pour le biculturel est de se regrouper avec d'autres biculturels comme lui et de créer ainsi son propre réseau (ou sous-groupe) culturel, où il n'est pas déchiré entre deux cultures. Marie Rose Moro va dans ce sens quand elle écrit : «Les enfants de migrants sont des précurseurs, ils doivent inventer des manières d'être et de faire qui reconnaissent l'histoire de leurs parents et leur permettent d'assumer de nouvelles positions dans un monde qui est le leur, ici, mais qui continue à les penser différents, à les exclure, à les laisser à la marge[65].» Le cas des minorités culturelles aux États-Unis s'inscrit tout à fait dans cette perspective. Elles veulent que l'on respecte leur spécificité et leur identité propre. Certes, un petit nombre demande à être rattaché, tout au moins dans l'esprit, à sa culture d'origine. Mais la très grande majorité exige qu'on reconnaisse sa nouvelle identité de synthèse, issue du contact de ses cultures d'origine et de la culture majoritaire. On entend, par exemple, de nombreux Mexicains-Américains dirent : «Nous ne sommes ni tout à fait Mexicains, ni tout à fait Américains. Nous sommes des Chicanos. Nous avons notre propre spécificité et elle doit être reconnue.»

Puissent les biculturels isolés, ni assez nombreux ni assez mobilisés pour exiger cette reconnaissance, entendre Marie Rose Moro : «Pour tous ceux [...] dont la culture originelle ne coïncide pas avec celle de la société où ils vivent, il faut qu'ils puissent assumer sans trop de déchirements cette double appartenance, maintenir leur adhésion à leur culture d'origine, ne pas se sentir obligés de la dissimuler comme une maladie honteuse, et s'ouvrir parallèlement à la culture du pays d'accueil[66].» Puissent les biculturels être aidés afin de pouvoir déclarer un jour, comme Tahar Ben Jelloun : «Je suis heureux d'appartenir à deux pays, deux cultures, deux langues et je vis cela comme un enrichissement permanent[67].»

Les bilingues exceptionnels

Polyglottes, enseignants de langue seconde, traducteurs et interprètes, personnes sourdes bilingues en langue des signes et langue orale, écrivains : nettement plus rares que les bilingues normaux, certains se distinguent par des attributs qui leur sont propres.

Polyglottes, enseignants de langue seconde, traducteurs et interprètes

Ceux qui connaissent un grand nombre de langues sont souvent appelés des polyglottes. Quoique très peu nombreux, certains ont marqué leur époque et figurent dans les encyclopédies. Ainsi, au XIXe siècle, le cardinal Giuseppe Mezzofanti était renommé pour le nombre de langues qu'il connaissait, une soixantaine selon certains. Bien entendu, il ne se servait régulièrement que d'une vingtaine, et ses connaissances de chacune étaient variables, mais il demeure un des cas mémorables de polyglottisme. Depuis, d'autres personnages ont marqué leur entourage par leur dextérité linguistique. Ainsi, l'explorateur et diplomate anglais sir Richard Francis Burton, également au XIXe siècle, connaissait une trentaine de langues d'Inde, d'Arabie et de la région du Nil. Plus proche de nous, le linguiste américain Mario Pei pouvait parler une quarantaine de langues et en avait étudié une centaine, et le professeur Ken Hale, du MIT, était reconnu pour sa connaissance érudite de nombreuses langues amérindiennes qu'il maîtrisait fort bien. Ces plurilingues hors du commun commencent à faire l'objet d'ouvrages[68] qui tentent, avec quelques difficultés, car peu de cas sont clairement documentés, de faire la part des choses entre ce qui est rapporté, et parfois amplifié, et ce qui est réel.

Outre ces polyglottes, d'autres bilingues, nettement plus nombreux, présentent eux aussi des caractéristiques particulières. Les enseignants de langue seconde, principalement ceux qui ont acquis leur deuxième idiome pendant leur scolarité, en font partie. Tout d'abord, ils ont souvent un lien affectif fort avec la langue, la littérature et la culture en question, ce qui est moins souvent le cas pour les bilingues ordinaires. Je me souviendrai toujours du jour, dans mon pensionnat en Angleterre, où mon professeur de français a appris le décès d'Édith Piaf. Il invita sa classe dans son bureau – nous n'étions pas très nombreux – et nous fit écouter ses chansons, tout en nous racontant sa vie, les larmes aux yeux, ainsi que celle de Jean Cocteau! Un autre trait de ces enseignants est qu'ils ne se servent pas très souvent de leur seconde langue en dehors de leur enseignement – je ne parle pas ici des natifs de la langue – car ils n'en ont tout simplement pas besoin. Certes, nombre d'entre eux se ressourcent régulièrement lors de voyages dans le pays ou la région en question, ou en plongeant dans des livres ou films, mais dans leur vie de tous les jours, la langue est souvent restreinte au cadre scolaire. Un troisième aspect concerne leur connaissance poussée du fonctionnement de la langue elle-même, ce qui est rare chez le bilingue ordinaire. Ils peuvent expliquer un point grammatical complexe, le choix d'une structure syntaxique particulière, ou les différents sens d'une expression lexicale. Notons aussi que lorsqu'ils sont devant une classe, ils sont en mode bilingue en perception dans le sens qu'ils doivent activer leurs deux langues, celle qu'ils enseignent et la langue première de la classe, au cas où un élève s'en servirait. Mais au niveau production, ils sont plutôt en mode monolingue, car ils doivent faire en sorte de ne pas (ou pas trop) utiliser la langue première de leurs élèves. Les alternances de code et les emprunts sont souvent combattus – ou tout au moins découragés – en classe de langue chez les élèves plus avancés, tout au moins, alors qu'à l'extérieur ils sont plus fréquents. D'ailleurs, certains enseignants admettent qu'ils utilisent assez peu le parler bilingue en dehors des cours afin de ne pas être tentés de le faire avec leurs élèves. Enfin, les enseignants de seconde langue ont souvent une définition très restrictive du bilinguisme et nombreux sont ceux qui ne se considèrent pas comme bilingues, alors qu'ils se servent régulièrement de leurs langues et ont donc droit à cette qualification.

Une autre catégorie de bilingues exceptionnels est composée des traducteurs et des interprètes[69]. Pour être traducteur, particulièrement dans des domaines spécialisés, ce qui est fréquemment le cas dans la traduction de nos jours, il faut connaître les équivalents lexicaux, stylistiques et même parfois culturels dans l'autre langue. Il faut, en fait, aller contre le principe de complémentarité. Dans le cas de la traduction, il faut avoir des connaissances parallèles dans l'une et l'autre langue, certes souvent restreintes à un certain nombre de domaines, et ce afin de pouvoir passer de l'une à l'autre sans problème. Le fait que le bilingue ordinaire montre des déficiences en traduction est dû, précisément, à ce qu'il ne possède pas toujours ces notions comparables dans les deux langues, et qu'il ne maîtrise pas les mécanismes du passage de l'une à l'autre. Quant aux interprètes, en plus de leurs compétences de traduction, ils doivent apprendre à percevoir et à comprendre ce qui est dit, à un débit normal et en temps réel, mémoriser le sens du message, formuler

189

une traduction et l'articuler, tout en commençant à décoder et à mémoriser la suite lors de l'interprétation simultanée. Les mécanismes auxquels ils font appel sont encore mal décrits, mais nous savons qu'ils doivent pouvoir décoder à la fois la langue source et la langue cible (cette dernière parce qu'ils écoutent ce qu'ils disent, et l'énoncé source contient parfois des mots ou expressions de l'autre langue) et, en même temps, ils doivent désactiver leur système de production de la langue source afin de ne pas simplement répéter ce qu'ils entendent[70]. Toute personne qui a tenté de faire de l'interprétation simultanée se rend compte de la difficulté de la tâche. Quant à l'interprétation consécutive (traduction d'un discours en séquences plus ou moins longues, séparées les unes des autres par des temps d'arrêt), non seulement il faut réussir le passage d'une langue à l'autre mais, en plus, il faut pouvoir prendre des notes en temps réel et avec suffisamment de précision afin de restituer ce qui a été dit dans l'autre langue. En tant que simple bilingue, je n'ai jamais cessé d'avoir le plus grand respect pour ces bilingues exceptionnels, comme j'ai eu l'occasion de l'exprimer à différentes reprises[71].

Les interprètes qui doivent se comporter en monolingues dans la partie production de l'interprétariat font penser à tous ces bilingues qui doivent, dans leur profession, s'assurer de rester impérativement dans la langue de leur travail. Alors que dans leurs moments libres, ils peuvent – et doivent souvent – parler l'une ou l'autre langue, et utiliser le parler bilingue lorsque la situation s'y prête, dans le cadre de leur occupation, une seule langue est exigée impérativement. Je prendrai deux exemples. Le premier concerne les correspondants à l'étranger, dont on entend les présentations à la radio ou à la télévision quotidiennement en provenance de différents points du monde. Pour obtenir leurs informations ils ont parlé la langue du pays, ou l'anglais, mais quand ils passent à l'antenne, ils doivent se mettre en mode totalement monolingue et se cantonner au français, dans notre cas. De plus, pour les correspondants qui habitent ces pays lointains depuis longtemps, et qui sont souvent biculturels, il faut qu'ils présentent et analysent le sujet comme s'ils se trouvaient dans leur pays d'origine, en explicitant tous les aspects qui n'auraient pas besoin de l'être normalement là où ils sont. Seules les personnes qui connaissent bien les deux pays en question, celui où les correspondants se trouvent et celui où sont transmis les reportages, peuvent apprécier le tour de force de ces interventions monolingues par des bilingues. Parmi les autres occupations qui requièrent ce comportement bilingue exceptionnel, à savoir la désactivation totale de l'autre langue et si possible de l'autre culture, mentionnons-en une extrêmement rare mais fort intéressante du point de vue linguistique[72]. Il s'agit des agents secrets et notamment des agents dormants. Afin de ne pas être repérés, ils doivent posséder une compétence linguistique égale à celle des habitants du pays où ils se trouvent et ne pas avoir de traces d'accent étranger. De plus, eux aussi doivent se restreindre à n'utiliser qu'une langue en permanence, au moins en public, alors qu'ils auraient envie parfois d'utiliser l'autre. Bien entendu, les alternances de code et les emprunts sont exclus, même lorsqu'ils sont avec des personnes qui connaissent leur autre langue. Enfin, ils doivent se comporter comme s'ils étaient des natifs du pays et ne laisser en rien filtrer des attitudes, croyances, valeurs, etc. de leur autre culture, ni d'ailleurs utiliser le langage corporel qui lui est propre.

Les personnes sourdes bilingues en langue des signes
et langue orale

Bilingues exceptionnels eux aussi, les sourds et les malentendants, qui utilisent à la fois la langue des signes et la langue majoritaire, dans sa forme écrite et quelquefois dans sa forme orale, voire signée[73]. Certains connaissent également ment d'autres langues des signes, ou langues orales, et sont à ce moment-là plurilingues. Comme les bilingues entendants, ils se caractérisent par leur grande diversité. Chacun développe des compétences dans ses langues qui varient en fonction du degré de la surdité, de la (des) langue(s) de l'enfance, de l'éducation, du travail et des réseaux sociaux, entre autres. En cela, ils ne sont pas différents des entendants bilingues, qui varient aussi à la fois au niveau des connaissances et de l'utilisation de leurs langues, comme on l'a vu tout au long de ce livre. Autre trait commun, la plupart des sourds bilingues ne se considèrent pas comme bilingues, parce qu'ils ne maîtrisent pas parfaitement l'ensemble des compétences linguistiques dans la langue majoritaire ou, quelquefois, dans la langue des signes. Ensuite, le sourd bilingue, tout comme son homologue entendant, se déplace régulièrement le long du continuum des modes langagiers. Lorsqu'il communique avec des monolingues, il se limite à un seul code et se trouve ainsi dans un mode monolingue. Il désactive l'autre ou les autres langues et s'efforce de rester à l'intérieur de la langue utilisée – la langue des signes ou la langue écrite, ou parfois même la langue orale de la majorité. À d'autres moments, le sourd bilingue se trouve en mode de communication bilingue, c'est-à-dire qu'il communique avec d'autres bilingues qui partagent les mêmes langues que lui et avec qui il peut combiner les deux. Une fois la langue de base choisie, très souvent la langue des signes, le bilingue peut faire appel à l'autre langue sous forme d'alternances de code ou d'emprunts, en recourant à des signes, à la dactylologie, ou à des mouvements des lèvres avec ou sans production sonore. Le résultat a reçu l'appellation de langue des signes de contact.

Bien que le bilinguisme des sourds partage de nombreux traits avec celui des entendants, certains restent spécifiques au monde des sourds. Tout d'abord, malgré les progrès de ces dernières années, le statut bilingue des sourds n'est pas encore complètement reconnu. Certains d'entre nous ont encore trop tendance à considérer les sourds comme des monolingues de la langue majoritaire, alors que beaucoup sont bilingues. Ensuite, les sourds bilingues, à cause de leur spécificité, demeurent bilingues toute leur vie, et souvent d'une génération à l'autre, ce qui n'est pas toujours le cas pour d'autres groupes minoritaires où les bilingues, avec le temps qui passe, peuvent évoluer vers une forme de monolinguisme dans la langue majoritaire, la langue minoritaire ou une autre forme de langue. De plus, certaines compétences linguistiques dans la langue majoritaire chez les sourds (surtout la production et la perception orales) peuvent ne jamais être totalement acquises, ce qui n'exclut en rien une bonne maîtrise de l'écriture et de la lecture de leur part. Une autre différence concerne leur déplacement le long du continuum de mode langagier : les sourds bilingues se retrouvent rarement au pôle monolingue lorsqu'ils utilisent la langue des signes. En effet, la très grande majorité qui se sert de cette langue connaît également la langue majoritaire. Par conséquent, à moins de communiquer avec un locuteur monolingue de la langue majoritaire, par le biais de l'écrit, par exemple, ils seront le plus souvent avec d'autres bilingues, et donc dans en mode langagier bilingue. Enfin, les connaissances linguistiques et les schémas d'utilisation des langues chez les sourds bilingues semblent être quelque peu différents, et probablement plus complexes, que chez les bilingues entendants. En effet, un sourd bilingue peut être amené à utiliser la langue des signes avec un interlocuteur, une forme de langue orale signée avec un autre, un mélange des deux avec un troisième, ou une forme de communication simultanée – signes et parole – avec un quatrième.

Quant à l'aspect culturel, il est clair que de nombreux sourds satisfont aux trois traits définissant la personne biculturelle : ils participent, au moins en partie, au monde des sourds et au monde entendant de manière régulière ; ils s'adaptent, du moins en partie, à ces deux cultures ; et ils combinent et synthétisent certaines caractéristiques de chacune d'elles[74]. Yves Delaporte le dit fort bien : les sourds construisent un monde sourd, mais ils ne peuvent y vivre en permanence car les membres de leur famille – parents, frères et sœurs, enfants – sont le plus souvent entendants. Leurs collègues de travail le sont aussi, comme certains amis. En somme, « ils vivent immergés dans un monde entendant, plus immergés que ne l'a jamais été aucune minorité ethnique[75] ». Il est rare, de nos jours, de trouver un sourd, quelle que soit son attache principale, qui ne participe pas, au moins en partie, aux deux mondes. Quant à l'adaptation au monde des sourds et au monde des entendants, les sourds apprennent à s'y plier, en partie tout au moins, selon les règles des cultures concernées. Enfin, il est clair que les attitudes, croyances, valeurs et comportements des personnes sourdes sont souvent issus de l'une ou l'autre culture (combinaison), alors que d'autres n'appartiennent plus ni à l'une ni à l'autre, mais sont la synthèse des deux cultures.

Pour ce qui est de l'identité, les personnes sourdes choisissent, comme chez les entendants, parfois après une longue démarche personnelle, de s'identifier à une seule culture (sourde ou entendante), à aucune des deux, ou aux deux à la fois. Le cheminement qui mène à un choix peut être difficile, comme il l'est particulièrement pour un certain nombre de sous-groupes : les malentendants, dont certains de ceux qui ont reçu un implant cochléaire, qui ont des attaches plus ou moins fortes avec les deux mondes et qui peuvent se sentir rejetés par ceux-ci, les sourds qui ont grandi uniquement avec l'approche orale et qui découvrent tardivement le monde des sourds et la langue des signes, les devenus sourds qui doivent souvent faire de gros efforts pour apprendre la langue des signes et s'intégrer dans le monde des sourds, et enfin certains entendants, tels que les enfants entendants de parents sourds, les interprètes, les parents signeurs d'enfants sourds, les amis des sourds, qui hésitent à s'identifier aux deux cultures, sourde et entendante, alors qu'ils sont bien biculturels, certes avec une dominance culturelle vers le monde entendant. Eux aussi devraient pouvoir se dire membres du monde des entendants et de celui des sourds, mais certains n'y arrivent pas ou sont découragés de le faire.

Les écrivains bilingues

Parmi les écrivains bi- ou plurilingues, il existe tout d'abord ceux qui n'écrivent qu'en une seule langue, soit leur toute première, soit une langue apprise dans leur enfance, à la maison et/ou à l'école. Amin Maalouf, par exemple, bilingue en arabe et en français, n'écrit qu'en français, une des langues de son enfance au Liban. Alain Mabanckou, originaire de la république du Congo, rédige tous ses ouvrages en français. Andreï Makine, qui a vécu en Russie jusqu'à l'âge de 30 ans, mais qui a appris le français avec sa grand-mère dès 3 ans, écrit uniquement dans notre langue également. Quant à Christine Arnothy, d'origine hongroise, toute son œuvre est en français, langue dans laquelle elle a été élevée grâce à sa mère. Mentionnons aussi Tahar Ben Jelloun, bilingue arabe-français et auteur francophone, qui évoque son enfance bilingue de la manière suivante : «J'ai appris le français le matin, l'arabe l'après-midi. J'ai ainsi ouvert les yeux sur deux langues, trois devrais-je dire puisqu'à la maison on parlait en arabe dialectal et non en arabe classique, celui enseigné à l'école[76].» Pourquoi n'écrit-il pas en arabe ? Il dit ne pas le maîtriser suffisamment bien :

« Je n'écris pas en arabe par respect pour cette belle langue et parce que je ne me sens pas capable de donner tout ce que j'ai en moi en arabe[77]. »

Il existe également des écrivains, ayant acquis une deuxième ou troisième langue à l'âge adulte, devenus des auteurs dans cette langue. Joseph Conrad, l'un des grands romanciers de la littérature anglaise avec des ouvrages comme *Lord Jim*, *L'Agent secret*, *Nostromo* et *Fortune*, parmi tant d'autres, a toujours écrit en anglais, sa troisième langue, acquise à l'âge adulte. Polonais d'origine, il grandit avec le polonais et le français, et ce n'est que lorsqu'il entre dans la marine marchande britannique qu'il acquiert l'anglais. Étant donné l'âge qu'il avait à l'époque, il a continué à parler cette langue avec un accent toute sa vie et il évitait de faire des conférences publiques. Par contre, son anglais écrit était hors norme et nécessitait peu de corrections lorsqu'il rendait un manuscrit. Plus proche de nous, l'écrivaine Agota Kristof, d'origine hongroise, et dont nous avons déjà évoqué l'apprentissage du français à l'âge adulte, a rédigé toute son œuvre dans une langue qu'elle ne connaissait pas avant son arrivée en Suisse. Elle a pris des cours à l'université de Neuchâtel et douze ans après son arrivée, a commencé à publier son œuvre, d'abord de la poésie et des pièces de théâtre et ensuite des romans et des nouvelles. S'il fallait une preuve que l'on peut acquérir une langue à tout âge, et la maîtriser au plus haut point, il n'y a qu'à étudier le parcours littéraire de ces deux auteurs.

Quelques rares auteurs bilingues écrivent dans leurs deux langues, ou dans deux de leurs langues s'ils en ont plusieurs.

Samuel Beckett, irlandais d'origine, et prix Nobel de littérature, débute sa carrière d'auteur en anglais avec des œuvres comme *Murphy*. Installé en France, et ayant passé une partie de la Seconde Guerre mondiale dans la Résistance, il commence à rédiger en français et publie *Molloy* en 1951. Par la suite, il publiera aussi bien dans l'une ou l'autre langue, et traduira ses propres œuvres d'une langue à l'autre, ce qui est tout à fait remarquable. Elsa Triolet est elle aussi passée à une deuxième langue suite à un changement de pays. Ses premiers romans, tels que *À Tahiti* et *Camouflage*, étaient en russe ; de nombreuses années après avoir quitté la Russie, elle a écrit en français, à partir de *Bonsoir Thérèse*, entre autres. Romain Gary, plurilingue remarquable et seul auteur à avoir gagné le prix Goncourt à deux reprises, écrivait normalement dans sa quatrième langue, le français (les trois premières étaient le russe, le polonais et le yiddish), mais, lors de son séjour américain à la fin des années 1950, il a décidé de rédiger *Lady L* en anglais, langue qu'il n'a commencé à apprendre que lorsqu'il était membre des Forces aériennes françaises libres (FAFL) en Angleterre pendant la guerre. Il devait par la suite rédiger plusieurs autres ouvrages directement en anglais.

La décision de continuer une carrière d'écrivain dans sa deuxième langue, ou une autre langue, a été étudiée, entre autres, par Elizabeth Beaujour[78], professeur au Hunter College de New York. Selon elle, lorsque l'on s'installe dans un nouveau pays, le lectorat est forcément plus large si on utilise la langue du pays. C'est certainement un des facteurs qui a poussé Elsa Triolet à écrire en français après un début de carrière en russe. Les écrivains bilingues sont aussi sensibles à la manière dont leurs ouvrages sont traduits dans la langue de leur nouveau pays. Rarement satisfaits du résultat – voir Milan Kundera qui, dès que son français a été suffisamment bon pour qu'il se rende compte de l'état de la traduction de *La Plaisanterie*, en a été interloqué –, ils doivent souvent apporter de nombreuses révisions. Parfois ils se résolvent à traduire leurs propres ouvrages, mais c'est souvent ardu et pénible (E. Beaujour évoque « l'enfer de l'autotraduction »). Romain Gary écrivait ainsi à Claude Gallimard : « Après deux mois de lutte, je renonce à traduire *The Gasp* en français et à le publier. Pour des raisons que je ne puis définir, ce roman perd toute qualité narrative en français et sombre dans la banalité[79]. » L'auteur franco-américain Julien Green a exprimé la même frustration lorsqu'il a tenté de traduire un de ses ouvrages dans son autre langue, ce qu'a aussi ressenti Ariel Dorfman en traduisant son *Heading South, Looking North : A Bilingual Journey* de l'anglais à l'espagnol ; il en a conclu qu'il ne s'agissait plus du même livre. Enfin, certains écrivains rédigent dans la langue de leur nouveau pays parce que la nouvelle réalité qu'ils vivent est difficilement exprimable dans leur langue d'origine (principe de complémentarité). Ainsi, Elsa Triolet a souvent répété que *Camouflage* aurait dû être rédigé en français car il est situé en France et ses personnages sont francophones.

Écrivant dans ses deux langues, Nancy Huston, écrivaine canadienne et française, présente un cas rare. Contrairement à ceux qui commencent à rédiger dans leur première langue, et qui passent ensuite à la langue de leur nouveau pays, Nancy Huston a fait l'inverse. Son premier ouvrage,

Les Variations Goldberg, qui paraît huit ans après son arrivée en France, est rédigé en français, sa deuxième langue, et il faut attendre de nombreuses années pour qu'elle écrive son premier livre en anglais, sa langue maternelle. « Ma "venue à l'écriture" est intrinsèquement liée à la langue française. Non pas que je la trouve plus belle ni plus expressive que la langue anglaise, mais, étrangère, elle est suffisamment *étrange* pour stimuler ma curiosité. » Et de préciser : « J'avais besoin de rendre mes pensées *deux fois* étranges, pour être sûre de ne pas retomber dans l'immédiateté, dans l'expérience brute sur laquelle je n'avais aucune prise[80]. »

Pourquoi donc décide-t-elle de rédiger son premier ouvrage en anglais, *Plainsong*, douze ans après *Les Variations Goldberg*? « J'étais assoiffée d'innocence théorique ; j'avais envie de faire des phrases libres et dépenaillées, d'explorer tous les registres de l'émotion, y compris, pourquoi pas, le pathétique, de raconter des histoires au premier degré, avec ferveur, en y croyant[81]... » Depuis, Nancy Huston écrit ses ouvrages dans l'une ou l'autre langue et elle se traduit dans les deux sens, ce qui est tout à fait remarquable. Lors d'un entretien qu'elle m'a accordé il y a quelques années, elle m'a avoué qu'elle ne se sentait pas vraiment bilingue. Ma réplique a jailli : « Mais vous êtes une bilingue extraordinaire ! » Comme le sont, je l'ai pensé par la suite, tous ces écrivains bilingues qui créent leurs œuvres dans leurs deux langues.

Conclusion

Ce livre est dédié au petit Ismaël, qui est en devenir bilingue. À sa naissance, je lui ai écrit une lettre[1] qui reflète à sa façon ce que j'ai voulu dire dans cet ouvrage au sujet du bilinguisme et du biculturalisme. Je la reproduis ici en guise de conclusion, avec l'espoir qu'à l'avenir tous ceux qui désirent devenir bilingues puissent l'être, que tous ceux qui vivent déjà avec deux ou plusieurs langues puissent continuer dans cette voie, et que tous ceux qui sont bi-culturels puissent être acceptés en tant que tels. Car, comme l'écrit si bien Amin Maalouf, « pour tous, pouvoir vivre dans la sérénité leurs diverses appartenances est essentiel à leur propre épanouissement[2]… ».

Mon tout-petit,

J'espère qu'un jour tu pourras lire cette lettre écrite peu après ta naissance. Nous sommes nombreux – parents et famille étendue, amis proches – à célébrer ta venue au monde et à nous réjouir que tu sois maintenant parmi nous. Nous sommes émerveillés devant la délicatesse et la beauté de tes traits et nous ne cessons de t'admirer, que tu sois éveillé ou endormi.

Lors de ma dernière visite, alors que je te contemplais avec émotion, j'ai pensé au fait que ta vie sera façonnée en grande partie par des langues et des cultures. Ta mère parle deux langues prosodiquement différentes, et tu es devenu sensible à celles-ci avant même ta naissance. Lors de ta première année, tu commenceras à les acquérir de manière simultanée. Ton père et sa famille te parleront dans une de ces langues, et ta mère et sa famille à elle utiliseront l'autre langue. Le bilinguisme comme le biculturalisme feront partie de ta vie.

Tu vas parcourir les étapes de l'acquisition du langage au même rythme que les enfants monolingues – gazouillis, babil, syllabes, mots et ensuite premières phrases. Certains sons et syllabes plus faciles à articuler apparaîtront de manière plus précoce que d'autres ; parmi les premiers mots, certains seront caractérisés par une surextension du sens ; et les structures des premières phrases seront forcément plus simples. La grande différence avec les autres enfants sera que ton apprentissage langagier se fera avec deux langues, comme chez les millions d'autres petits enfants bilingues simultanés dans le monde.

Tes parents et tes proches veilleront à équilibrer l'apport de chaque langue en te mettant régulièrement dans des situations monolingues. Au cas où l'une d'elles est utilisée plus que l'autre lors des premières années, ce qui peut arriver, elle pourra alors devenir dominante. Les sons seront isolés plus rapidement, le vocabulaire sera plus extensif, et les structures de phrase seront plus nombreuses et plus complexes. De plus, la langue dominante influencera l'autre langue par le biais d'interférences et d'alternances de code plus fréquentes. Mais cette situation peut être rectifiée rapidement par un changement d'environnement et une nouvelle répartition des langues. La plus faible sera alors parlée plus souvent, jusqu'au point où elle trouvera un équilibre avec l'autre langue ou même prendra le dessus.

Tu apprendras très rapidement dans quelles situations et avec quelles personnes l'une ou l'autre langue doit être utilisée. Tu te serviras de la langue voulue – tu en seras en quelque sorte le gardien – et tu te retrouveras parfois même désemparé, jusqu'au point d'en être contrarié, quand la langue inappropriée sera utilisée par ton interlocuteur.

Les années passant, tu commenceras à jouer avec tes langues. Tu transgresseras volontairement le lien si fort qui existe entre langue et interlocuteur, lien que tu auras cherché à préserver quand tu étais plus jeune. Tu utiliseras de manière ludique la langue inappropriée et tu mélangeras ouvertement tes langues pour voir la réaction de ceux qui t'entourent. Tu pourras même traduire littéralement certaines expressions idiomatiques afin de taquiner ou faire rire, ou parler une de tes langues avec un accent alors que tu ne le fais pas normalement.

Certains de tes camarades auront acquis leur deuxième langue plus tard que toi mais tu ne l'en apercevras guère car il est en fait possible de devenir bilingue à tout âge, et les bienfaits du bilinguisme tels que l'attention sélective accrue, la plus grande capacité à s'adapter à de nouvelles règles, et les opérations métalinguistiques supérieures seront identiques pour toi et pour tes camarades au bilinguisme successif.

Parler plusieurs langues

Étant donné que tes parents et grands-parents sont originaires de cultures différentes, tu deviendras biculturel rapidement. Tu apprendras à t'adapter à chaque culture et à passer de l'une à l'autre, tout en combinant et synthétisant différents aspects de celles-ci. Il faut espérer que tous accepteront ton identité biculturelle sans te forcer de choisir l'une au détriment de l'autre. Comme membre de chacune de tes cultures, tu deviendras très rapidement un intermédiaire entre les deux.

Il y aura probablement des moments où tu sentiras une certaine frustration du fait de ton bilinguisme et biculturalisme. Tu hésiteras parfois à utiliser une de tes langues afin de ne pas être perçu comme différent. Certains te feront peut-être une remarque désobligeante au sujet de tes racines culturelles, alors que d'autres auront du mal à te situer. Il se peut aussi que tu aies quelque peine à lire ou à écrire une langue que tu maîtrises avant tout oralement. Mais tes parents et ta famille seront toujours là pour t'accompagner pendant ces moments de contrariété et pour te réconforter s'il le faut.

Sois fier de tes racines linguistiques et culturelles et apprécie tes langues et tes cultures. De mon côté, je ne cesserai de m'émerveiller devant ton bilinguisme et ton biculturalisme et je serai toujours là, soit en personne, soit par mes écrits, pour t'aider, dans la mesure du possible, à affronter les défis qui seront les tiens.

Sois le bienvenu, mon tout-petit... et que la vie soit une douce caresse sur ton joli visage !

Notes

Lorsqu'il n'est pas indiqué, le lieu de parution est Paris.

1. Le monde bilingue

1. Bloomfield L., *Le Langage*, Payot, 1970, p. 57.

2. Lebrun Y., «L'aphasie chez les polyglottes», *La Linguistique*, 18 (1), 1982, p. 129.

3. Hagège C., *L'Enfant aux deux langues*, Odile Jacob, 1996, p. 218 et 245.

4. *Dictionnaire de l'Académie française*, Imprimerie nationale/ Fayard, 9ᵉ édition, 1992.

5. *Dictionnaire du français contemporain*, sous la dir. de J. Dubois, Larousse, 1966.

6. Mackey W., «The description of bilingualism», in Fisman J. (éd.), *Readings in the Sociology of Language*, La Haye, Mouton, 1968. Weinreich U., *Languages in Contact*, La Haye, Mouton, 1968.

7. *Le Grand Robert de la langue française*, sous la dir. de A. Rey, Le Robert, 2001.

8. Littré, *Dictionnaire de la langue française*, Versailles, Encyclopædia Britannica, 1996.

9. Paul L., Simons G. et Fennig C. (éds.), *Ethnologue : Languages of the World*, 17ᵉ édition, Dallas, Texas SIL International, 2013. http://www.ethnologue.com.

10. Les nombres varient selon les sources. J'ai pris ceux des langues encore pratiquées dans Paul L., Simons G. et Fennig C., *op. cit.*

11. Leconte F., «Les langues africaines en France», in Extramiana C. et Sibille J. (dir.), *Migrations et plurilinguisme en France, Cahiers de l'Observatoire des pratiques linguistiques*, 2, Didier, 2008, p. 59.

12. Wolff A. et Gonthier J., *La Langue française dans le monde 2010*, OIF-Nathan, 2010.

13. Lachapelle R. et Lepage J.-F., *Les Langues au Canada : recensement de 2006*, Gatineau, Québec, Patrimoine canadien et Statistique Canada, 2010.

14. *Les Européens et leurs langues*, enquête commandée par la Commission européenne et menée par TNS Opinion & Social, 2012.

15. Deux articles présentent des résultats parfois complémentaires : Clanché F., «Langues régionales, langues étrangères : de l'héritage à la pratique», *Insee Première*, 830, février 2002 ; Héran F., Filhon A. et Deprez C., «La dynamique des langues en France au fil du XXᵉ siècle», *Population et sociétés*, 376, 1-4, 2002.

16. *Les Européens et leurs langues*, *op. cit.*

17. Condon S. et Régnard C., «Héritage et pratiques linguistiques des descendants d'immigrés en France», *Hommes et migrations*, 1288 (6), 2010, p. 44-56.

18. Recensement de la population de Mayotte 2007, disponible sur le site de l'Insee.

19. Recensement général de la population en Nouvelle-Calédonie 2004, disponible sur le site de l'Insee.

20. Monteil C., «Le créole encore très largement majoritaire», *Économie de La Réunion*, 137, 2010, p. 4-6.

21. Walter H., *Aventures et mésaventures des langues de France*, Champion Classiques, 2012, p. 18.

22. Clanché F., «Langues régionales, langues étrangères : de l'héritage à la pratique», art. cit.
23. Walter H., *op. cit.*
24. Citation en provenance du site de la Délégation générale à la langue française et aux langues de France, ministère de la Culture et de la Communication.
25. Arrighi J.-M., «Langue corse : situation et débats», *Ethnologie française*, 38 (3), 2008, p. 507.

2. Les caractéristiques du bilinguisme

1. Grosjean F., «The bilingual as a competent but specific speaker-hearer», *Journal of Multilingual and Multicultural Development*, 6, 1985, p. 467-477.
2. J'ai utilisé l'expression «parler bilingue» pour la première fois en 1968 dans mon mémoire de maîtrise intitulé *Le Comportement verbal des bilingues dans le langage quotidien*, rédigé en collaboration avec Dounia Fourescot-Barnett, sous la direction du Pr Antoine Culioli, Institut d'anglais, université de Paris. Je l'ai ensuite reprise en anglais, «*bilingual speech*», dans mon ouvrage *Life with Two Languages : An Introduction to Bilingualism*, Harvard University Press, 1982.
3. Deprez C., *Les Enfants bilingues*, Crédif-Didier, 1994, p. 26.
4. Lüdi G. et Py B., *Être bilingue*, Berne, Peter Lang, 2002, p. 83.
5. Kohl M., Beauquier-Maccota B., Bourgeois M., Clouard C., Dondé S., Mosser A., Pinot P., Rittori G., Vaivre-Douret L., Golse B. et Robel L., «Bilinguisme et troubles du langage chez l'enfant : étude rétrospective», *La Psychiatrie de l'enfant*, 51, 2, 2008, p. 577-595
6. Flege J., Munro M. et MacKay I., «Effects of age of second-language learning on the production of English consonants», *Speech Communication*, 16, 1995, p. 1-26.
7. Huston N., *Nord perdu*, Actes Sud, 1999, p. 36-37.

8. Grosjean F., « The bilingual individual », *Interpreting*, 2 (1/2), 1997, p. 163-187.

9. Todorov T., « Bilinguisme, dialogisme et schizophrénie », in Bennani J. (dir.), *Du bilinguisme*, Denoël, 1985, p. 11-38.

10. Boukous A., « Bilinguisme, diglossie et domination symbolique », in Bennani J. (dir.), *op. cit.*, p. 39-62.

11. Hagège C., *op. cit.*, p. 224.

12. Huston N., *op. cit.*, p. 61.

13. Grosjean F., « The complementarity principle and its impact on processing, acquisition and dominance », in Treffers-Daller J. et Silva Corvalan C. (éds.), *Language Dominance in Bilinguals : Issues of Measurement and Operationalization*, Cambridge University Press, à paraître.

14. Jaccard R. et Cividin V., *Le Principe de complémentarité chez la personne bilingue : le cas du bilinguisme français-italien en Suisse romande*, mémoire de diplôme d'orthophonie, université de Neuchâtel, 2001.

15. Cutler A., Mehler J., Norris D., et Segui J., « The monolingual nature of speech segmentation by bilinguals », *Cognitive Psychology*, 2, 1992, p. 381-410.

16. Galloway L., « Language impairment and recovery in polyglot aphasia : A case study of a hepta-lingual », in Paradis M. (éd.), *Aspects of Bilingualism*, Columbia, S.C., Hornbeam, 1978, p. 121-130.

17. Grosjean F., *Bilingual : Life and Reality*, Cambridge, MA, Harvard University Press, 2010.

18. Grosjean F. et Py B., « La restructuration d'une première langue : l'intégration de variantes de contact dans la compétence de migrants bilingues », *La Linguistique*, 27, 1991, p. 35-60.

19. Grosjean F., « Studying bilinguals : Methodological and conceptual issues », *Bilingualism : Language and Cognition*, 1, 1998, p. 131-149.

20. Grosjean F., «Manipulating language mode», chapitre 5 de Grosjean F., *Studying Bilinguals*, Oxford University Press, 2008.

21. Hamers J. et Blanc M., *Bilingualité et bilinguisme*, Bruxelles, Pierre Mardaga, 1983.

22. Deprez C., *op. cit.*, p. 190-195.

23. Schweda N., «Bilingual education and code-switching in Maine», *Linguistic Reporter*, 23, 1980, p. 12-13.

24. Huston N. et Sebbar L., *Lettres parisiennes*, J'ai lu, 2006.

25. Scotton C., «Codeswitching as a "safe choice" in choosing a lingua franca», in McCormack W. et Wurm S. (éds.), *Language and Society*, La Haye, Mouton, 1979.

26. Rubin J., *National Bilingualism in Paraguay*, La Haye, Mouton, 1968.

27. Todd O., *Carte d'identités*, Plon, 2005.

28. Hoffman G., «Puerto Ricans in New York : A language-related ethnographic summary», in Fishman J., Cooper R. et Ma R. (éds.), *Bilingualism in the Barrio*, Bloomington, Indiana University Press, 1971.

29. Deprez C., *op. cit.*, p. 58. (Alternance : français et portugais.)

30. Bentahila A. et Davies E., «Patterns of code-switching and patterns of language contact», *Lingua*, 96, 1995, p. 75-93. (Alternances : français et arabe marocain.)

31. Grosjean F., *op. cit.*, 1982. (Alternances : français et anglais.)

32. Poplack S., «Conséquences linguistiques du contact des langues : un modèle d'analyse variationniste», *Langage et société*, 43, 1988, p. 23-48.

33. Bentahila A. et Davies E., «The syntax of Arabic-French code-switching», *Lingua*, 59, 1983, p. 301-330.

34. Scotton C. et Ury W., «Bilingual strategies : The social functions of code-switching», *Linguistics*, 193, 1977, 5-20.

35. Davies E. et Bentahila A., «Code switching as a poetic device : Examples from rai lyrics», *Language & Communication*, 28, 2008,

p. 1-20. (Nous tenons à remercier Abdelali Bentahila pour les traductions françaises.)

36. Chávez-Silverman S., *Killer Crónicas : Bilingual Memories*, Madison, University of Wisconsin Press, 2004, p. 5.

37. Clyne M., *Transference and Triggering*, La Haye, Marinus Nijhoff, 1967.

38. Walter H., *op. cit.*

39. Meillet A., « Sur une période de bilinguisme en France », *Comptes rendus des séances de l'Académie des inscriptions et belles-lettres*, 75, 1, 1931, p. 33.

40. Huston N., *op. cit.*, p. 35.

41. Abutalebi J. et Green D., « Control mechanisms in bilingual language production : Neural evidence from language switching studies », *Language and Cognitive Processes*, 23, 2008, p. 557-582.

42. Deprez C., *op. cit.*, p. 152.

43. Ottavi P., « "U corsu" à l'école et dans la rue : entre visibilité, promotion et reflux », *Langage et société*, 142, 4, 2012, p. 141-161.

44. Ajoutons à ces interférences « visibles » celles mentionnées par Georges Lüdi et Bernard Py, à savoir l'abandon de certains éléments dans une langue parce qu'ils n'existent pas dans l'autre. Elles sont, bien entendu, beaucoup plus difficiles à repérer mais tout de même bien présentes chez les bilingues. Voir Lüdi G. et Py B., *op. cit.*

45. Je propose que l'on réserve le terme de transfert à ce type d'interférence. Grosjean F., « An attempt to isolate, and then differentiate, transfer and interference », *International Journal of Bilingualism*, 16 (1), 2012, p. 11-21.

46. Propos recueillis par Samuel Blumenfeld, *Le Monde*, 16 novembre 2006.

47. Anissimov M., *Romain Gary, le caméléon*, Denoël, 2004.

48. Gérard M., « *Sur le chemin*, un inédit de Jack Kerouac écrit en français », *Le Monde*, 8 septembre 2008.

Notes

3. Devenir bilingue

1. Pearson B. Z. et Fernández S., «Patterns of interaction in the lexical growth in two languages of bilingual infants and toddlers», *Language Learning*, 44, 1994, p. 617-653.

2. Je n'évoquerai pas ici les nombreux enfants qui apprennent une langue à l'école de manière traditionnelle. Cette matière scolaire permettra éventuellement à quelques-uns d'entre eux plus tard, dans un cadre différent et quand le besoin de communiquer avec cette langue se fera sentir, d'en approfondir leur connaissance et de devenir bilingues.

3. François Cheng, écrivain et poète, et premier membre de l'Académie française d'origine asiatique, raconte son arrivée en France en 1948 sans connaître un mot de français, et son propre devenir bilingue : Cheng F., «Le cas du chinois», in Bennani J. *et al.*, *Du bilinguisme*, Denoël, 1985, p. 227-235.

4. Nous rappelons ici l'exemple de Fabienne Leconte présenté au premier chapitre de ce livre où elle évoque les enfants en Afrique subsaharienne qui sont conduits à acquérir cinq à six langues tout naturellement.

5. Je mentionne cet exemple dans mon livre, *Life with Two Languages : An Introduction to Bilingualism*, Cambridge, MA, Harvard University Press, 1982, p. 177.

6. Burling R., «Language development of a Garo and English speaking child», in Hatch E. (éd.), *Second Language Acquisition*, Rowley, Mass., Newbury House, 1978.

7. Abdelilah-Bauer B., *Guide à l'usage des parents d'enfants bilingues*, La Découverte, 2012, p. 167.

8. Kuhl P., Tsao F.-M. et Liu H.-M., «Foreign-language experience in infancy : Effects of short-term exposure and social interaction on phonetic learning», *Proceedings of the National Academy of Sciences of the United States of America*, 100 (15), 2003, p. 9096-9101.

211

9. Ronjat J., *Le Développement du langage observé chez un enfant bilingue*, Honoré Champion, 1913, p. 3.

10. Pour une discussion des théories, voir, entre autres, Yip V., « Simultaneous language acquisition », in Grosjean F. et Li P. (éds), *The Psycholinguistics of Bilingualism*, Malden, MA & Oxford, Wiley-Blackwell, 2013, p. 119-144.

11. Bentahila A. et Davies E., art. cit., 1995.

12. Wong Fillmore L., « Second-language learning in children : A model of language learning in context », in Bialystok E. (éd.), *Language Processing in Bilingual Children*, Cambridge University Press, 1991, p. 49-69.

13. Grosjean F., *op. cit.*, 2010, p. 187-190.

14. Deprez C., *op. cit.*, p. 143-149 (Cyril est appelé Marc dans le livre).

15. Cummins J., « BICS and CALP : Empirical and theoretical status of the distinction », in Street B. et Hornberger N. (éds.), *Encyclopedia of Language and Education, vol. 2 : Literacy*, New York, Springer Science, 2008, p. 71-83.

16. Kinzel P., *Lexical and Grammatical Interference in the Speech of a Bilingual Child*, Seattle, University of Washington Press, 1964.

17. Fantini A., « Bilingual behavior and social cues : Case studies of two bilingual children », in M. Paradis (éd.), *Aspects of Bilingualism*, Columbia, S.C., Hornbeam, 1978, p. 283-301.

18. Lanza E., *Language Mixing in Infant Bilingualism : A Sociolinguistic Perspective*, Oxford University Press, 2004.

19. Deprez C., *op. cit.*, p. 181.

20. Harris B. et Sherwood B., « Translating as an innate skill », in Gerver D. et Sinaiko H. W. (éds.), *Language Interpretation and Communication*, New York, Plenum, 1978, p. 155-170.

21. Valdés G., *Expanding Definitions of Giftedness : The Case of Young Interpreters from Immigrant Communities*, Mahwah, N.J., Lawrence Erlbaum, 2003.

22. Gentilhomme Y., «Expérience autobiographique d'un sujet bilingue russe-français : Prolégomènes théoriques», présenté au Third International Conference on Languages in Contact, Justus-Liebig University, Giessen, Allemagne, 1980.

23. Ces approches sont explicitées dans de nombreux livres sur le bilinguisme des enfants et sont exposées sur des sites web spécialisés.

24. De Houwer A., «Parental language input patterns and children's bilingual use», *Applied Psycholinguistics*, 28, 2007, p. 411-424.

25. Deprez C., *op. cit.*, p. 76-77.

26. Abdelilah-Bauer B., *op. cit.*, p. 74-75.

27. Rodriguez R., «Souvenirs d'une enfance bilingue», *Communications*, 43, 1986, p. 228, traduit de l'anglais par Nancy Huston. DOI 10.3406/comm.1986.1649.

28. Todd O., *Carte d'identités*, *op. cit.*, p. 23.

29. Caldas S. et Caron-Caldas S., «A sociolinguistic analysis of the language preferences of adolescent bilinguals : Shifting allegiances and developing identities», *Applied Linguistics*, 23, 2002, p. 490-514.

30. Bensekhar-Bennabi M., «La bilingualité des enfants de migrants face aux enjeux de la transmission familiale», *Enfances & Psy*, 47 (2), 2010, p. 55-65. DOI 10.3917/ep.047.0055.

31. Couëtoux-Jungman F., Wendland J., Aidane E., Rabain D., Plaza M. et Lécuye R., «Bilinguisme, plurilinguisme et petite enfance», *Devenir*, 22 (4), 2010, p. 293-307. DOI 10.3917/dev.104.0293.

32. Rezzoug D., Plaën S. de, Bensekhar-Bennabi M. et Moro M. R., «Bilinguisme chez les enfants de migrants, mythes et réalités», *Le Français aujourd'hui*, 158 (3), 2007, p. 58-65. DOI 10.3917/lfa.158.0058.

33. Bensekhar-Bennabi M., art. cit., p. 61.

34. Rezzoug D., Plaën S. de, Bensekhar-Bennabi M. et Moro M. R., art. cit.

35. Rodriguez R., art. cit., p. 234-235, traduit de l'anglais par Nancy Huston.

36. Deprez C., *op. cit.*, p. 41-59.

37. De Houwer A., «Trilingual input and children's language use in trilingual families in Flanders», in C. Hoffmann et Ytsma J. (éds.), *Trilingualism in the Individual, Family and Society*, Clevedon, Multilingual Matters, 2004, p. 118-138.

38. Paradis J., Crago M. et Bélanger C., «Le développement langagier bilingue chez les enfants : incidence sur l'évaluation du trouble primaire du langage», *Fréquences*, 17, 3, 2005, p. 27-30.

39. Kohl M., Beauquier-Maccota B., Bourgeois M., Clouard C., Dondé S., Mosser A., Pinot P., Rittori G., Vaivre-Douret L., Golse B. et Robel L., «Bilinguisme et troubles du langage chez l'enfant : étude rétrospective», *La Psychiatrie de l'enfant*, 51 (2), 2008, p. 577-595. DOI 10.3917/psye.512.0577.

40. Voir, par exemple, Bunta F. et Douglas M., «The effects of dual-language support on the language skills of bilingual children with hearing loss who use listening devices relative to their monolingual peers», *Language, Speech, and Hearing Services in Schools*, 44, 2013, p. 281-290. Cette étude montre que les enfants malentendants qui se servent d'une prothèse auditive ou d'un implant cochléaire et qui sont dans un programme bilingue réussissent aussi bien au niveau des compétences langagières que les enfants du même type dans un programme monolingue. Il n'y a donc aucune raison de décourager l'éducation bilingue chez ces enfants.

41. Marinova-Todd S., Marshall D. B. et Snow C., «Three misconceptions about age and L2 learning», *TESOL Quarterly*, 34 (1), 2000, p. 9-34.

42. Voir sur ce point Abdelilah-Bauer B., *op. cit.*

43. http://www.cafebilingue.com.

44. Rodriguez R., art. cit., p. 232, traduit de l'anglais par Nancy Huston.

45. Moro M. R., *Nos enfants demain*, Odile Jacob, 2010, p. 94.

46. Gonac'h J. et Leconte F., «Les contacts de langues chez les jeunes d'origine turque en France», *Langues et cité*, 16, 5, 2010.

47. Auffret-Pericone M., «Marie Rose Moro, au chevet des adolescents», *La Croix*, 4 février 2011 ; article disponible sur le site du journal.

48. Tabouret-Keller A., *Le Bilinguisme en procès, cent ans d'errance (1840-1940)*, Limoges, Lambert-Lucas, 2011, p. 59.

49. Martel P., «L'école et les langues régionales, aperçu historique», *Les Langues modernes*, 104, 4, 13-20, 2010, p. 13.

50. Hélot C., «De la notion d'écart à la notion de continuum, Comment analyser le caractère inégalitaire du bilinguisme en contexte scolaire?», in Hélot C., Hoffmann E., Scheidhauer M.-L. et Young A., *Écarts de langue, écarts de culture, À l'école de l'Autre*, Francfort, Peter Lang, 2006, p. 3 et 8.

51. Extrait d'une courte interview non publiée de Mme Jacqueline Billiez.

52. Voir, entre autres, Candelier M. (dir.), *L'Éveil aux langues à l'école primaire*, Bruxelles, De Boeck Supérieur, 2003.

53. Éduscol, portail national des professionnels de l'éducation.

54. Cummins J., «L'éducation bilingue : qu'avons-nous appris de cinquante ans de recherche?», in Verandun J., Nocus I. et Salaün M. (dir.), *Actes du colloque «École plurilingue»*, Presses universitaires de Rennes, 2013, p. 2.

55. Gajo L., Luscher J.-M. et Serra C., «Enseignement bilingue et évaluation : réflexions sur la conception de tests de niveaux», *Le Français dans le monde, Recherches et applications*, 53, 2012, p. 126-137.

56. Cummins J., art. cit., 2013, p. 3 et 4.

57. Voir le site du Gymnase français de Bienne.

4. Autres dimensions du bilinguisme

1. Tabouret-Keller A., *op. cit.*

2. Laurie S., *Lectures on Language and Linguistic Method in the School*, Cambridge, CUP, 1890, p. 15-16. La traduction est la mienne.

3. Jespersen O., *Nature, évolution et origine du langage*, Payot, 1976, p. 143-144.

4. Pichon É., *Le Développement psychique de l'enfant et de l'adolescent*, Masson, 3ᵉ éd., 1965, p. 102-103.

5. Laurendeau A., « Questions de langue : bilinguisme intégral », *L'Action nationale*, 1 (5), 1933, p. 294.

6. Robin É., « Vous pouvez le répéter… Le congrès des instituteurs de Montréal », *L'Action nationale*, 9 (2), 1937, p. 120.

7. Tabouret-Keller A., « La question du bilinguisme », *Enfance*, 44 (4), 1991, p. 271-277.

8. Bénisti J., *Sur la prévention de la délinquance*, rapport préliminaire de la Commission du groupe d'études parlementaire sur la sécurité intérieure, Assemblée nationale, 12ᵉ législature, octobre 2004, p. 17 et 9.

9. Moro M. R., *op. cit.*, p. 123-124.

10. Deprez C., *op. cit.*, p. 20 et 130-132.

11. Courriel du 5 janvier 2014 à mon intention.

12. Moro M. R., *op. cit.*, p. 145.

13. Hagège C., *op. cit.*, p. 222-223.

14. Huston N., *op. cit.*, p. 53.

15. Py B. et Gajo L., « Bilinguisme et plurilinguisme », in Simonin J. et Wharton S. (dir.), *Sociolinguistique du contact : Dictionnaire des termes et des concepts*, Lyon, ENS Éditions, 2013.

16. Deprez C., *op. cit.*, p. 20.

17. Abdelilah-Bauer B., *op. cit.*, p. 49-56.

18. Pernoud L., *J'élève mon enfant*, Horay, 2012, p. 311-313.

19. Vildomec V., *Multilingualism*, Leyden, A. W. Sijthoff, 1963.

20. Grosjean F., *op. cit.*, 1982.

21. Weinreich U., *Languages in Contact*, La Haye, Mouton, 1968.

22. Voir Grosjean F., *op. cit.*, 1982.

23. Hamers J. et Blanc M., *op. cit.*

24. Sanson C., « Le bilan psychologique bilingue : Évaluation du

Notes

langage chez l'enfant en situation de bilinguisme», *Le Journal des psychologues*, 249, 6, 2007, p. 58-61. DOI 10.3917/jdp.249.0058.

25. Kelley V., «The reading abilities of Spanish and English speaking pupils», *The Journal of Educational Research*, 29 (3), 1935, p. 209-211.

26. Tireman L., «The bilingual child and his reading vocabulary», *Elementary English*, 32 (1), 1955, p. 33-35.

27. Macnamara J., *Bilingualism and Primary Education*, Edinburgh University Press, 1966.

28. Saer D., «The effect of bilingualism on intelligence», *British Journal of Psychology*, 14 (1), 1923, p. 25-38.

29. Jones W. et Stewart W., «Bilingualism and verbal intelligence», *British Journal of Statistical Psychology*, 4 (1), 1951, p. 3-8.

30. Peal E. et Lambert W., «The relation of bilingualism to intelligence», *Psychological Monographs*, 76, 1962, p. 1-23.

31. Ianco-Worrall A., «Bilingualism and cognitive development», *Child Development*, 43, 1972, p. 1390-1400.

32. Ben-Zeev S., «The influence of bilingualism on cognitive strategy and cognitive development», *Child Development*, 48, 1977, p. 1009-1018.

33. Swain M. et Cummins J., «Bilingualism, cognitive functioning and education», *Language Teaching and Linguistics : Abstracts*, 12, 1979, p. 4-18.

34. Peal E. et Lambert W., art. cit.

35. McLaughlin B., *Second-Language Acquisition in Childhood*, Hillsdale, NJ, Lawrence Erlbaum Associates, 1978, p. 206.

36. Bialystok E. et Feng X., «Language proficiency and its implications for monolingual and bilingual children», in Durgunoglu A. et Goldenberg C. (éds.), *Dual Language Learners : The Development and Assessment of Oral and Written Language*, New York, Guilford Press, 2010, p. 121-138.

37. Pearson B. Z. et Fernández S., art. cit.

38. Poulin-Dubois D., Bialystok E., Blaye A., Polonia A. et Yott J.,

217

Parler plusieurs langues

«Lexical access and vocabulary development in very young bilinguals»,
International Journal of Bilingualism, 17, 1, 2013, p. 57-70.

39. Bialystok E., Luk G., Peets K. et Yang S., «Receptive vocabulary differences in monolingual and bilingual children», *Bilingualism :
Language and Cognition*, 13 (4), 2010, p. 525-531.

40. Craik F. et Bialystok E., «Les effets du bilinguisme sur le vieillissement cognitif», in Brouillet D. (dir.), *Le Vieillissement cognitif normal*, De Boeck, 2010.

41. Gombert J.-É., «Activités métalinguistiques et acquisition
d'une langue», *Aile (Acquisition et interaction en langue étrangère)*, 8,
1996, p. 41-55.

42. Bialystok E. et Senman L., «Executive processes in appearance-
reality tasks : The role of inhibition of attention and symbolic repre-
sentation», *Child Development*, 75, 2004, p. 562-579.

43. Craik F. et Bialystok E., art. cit.

44. *Ibid.*

45. Bialystok E., Peets K. et Moreno S., «Producing bilinguals
through immersion education : Development of metalinguistic awa-
reness», *Applied Psycholinguistics*, 2012, p. 1-15. DOI 10.1017/
S0142716412000288.

46. Nicolay A.-C. et Poncelet M., «Cognitive advantage in children enrolled in a second-language immersion elementary school pro-
gram for three years», *Bilingualism : Language and Cognition*, 16 (3),
2013, p. 597-607. DOI 10.1017/S1366728912000375.

47. Soffietti J., «Bilingualism and biculturalism», *The Modern
Language Journal*, 44, 6, 1960, p. 275-277.

48. Virole B., *Psychologie de la surdité*, Bruxelles, De Boeck Université, 2000.

49. Delaporte Y., *Les sourds, c'est comme ça*, Maison des sciences de
l'homme, 2002.

50. Luna D., Ringberg T. et Peracchio L., «One individual, two

identities : Frame switching among biculturals», *Journal of Consumer Research*, 35 (2), 2008, p. 279-293.

51. Grosjean F., «Quelques réflexions sur le biculturalisme», *Pluriel*, 36, 1983, p. 81-91.

52. Nguyen A.-M. & Benet-Martínez V., «Biculturalism unpacked : Components, measurement, individual differences, and outcomes», *Social and Personality Psychology Compass*, 1, 2007, p. 101-114.

53. Hamers J. et Blanc M., *op. cit.*, p. 25.

54. Exemple emprunté à Delaporte Y., *op. cit.*

55. Maalouf A., *Les Identités meurtrières*, Grasset, 1998, p. 46.

56. Tadmor C., Galinsky A. et Maddux W., «Getting the most out of living abroad : Biculturalism and integrative complexity as key drivers of creative and professional success», *Journal of Personality and Social Psychology*, 103, 3, 2012, p. 520-542.

57. Ervin S., «Language and TAT content in bilinguals», *Journal of Abnormal and Social Psychology*, 68, 1964, p. 500-507.

58. Ervin S., «An analysis of the interaction of language, topic and listener», in Gumperz J. et Hymes D. (éds.), *The Ethnography of Communication*, numéro spécial de *American Anthropologist*, 66, 1964, 2e partie, p. 86-102.

59. Luna D., Ringberg T. et Peracchio L., art. cit., p. 279-293.

60. Grosjean F., *op. cit.*, 1982.

61. Huston N., *op. cit.*, p. 34.

62. Maalouf A., *op. cit.*, p. 11.

63. Notons à ce propos l'existence d'une catégorie statistique officielle en France, «Immigré», qui cohabite avec deux autres catégories, à savoir «Français» et «Étranger». Dans cette catégorie, qui par sa simple existence marginalise de nombreux individus, figure toute personne née étrangère à l'étranger et résidant en France, *que cette personne soit de nationalité française ou pas*. Or, en 2008, sur 5,3 millions d'immigrés, presque la moitié (40 %) avait la nationalité française, obtenue par

naturalisation ou par mariage. Les documents officiels expliquent que la qualité d'immigré est permanente : un individu continue à appartenir à la population immigrée même s'il devient français ! Fiche thématique « Population immigrée », 2012, en ligne sur le site de l'Insee.

64. Maalouf A., *op. cit.*, p. 9.

65. Moro M. R., *op. cit.*, p. 199.

66. *Ibid.*, p. 183.

67. Ben Jelloun T., « Lettre au président de la République », *Le Monde*, 4 septembre 2010.

68. Voir, par exemple, Erard M., *Babel no More : The Search of the World's Most Extraordinary Language Learners*, New York, Free Press, 2012.

69. Nous avons évoqué les enfants interprètes au chapitre 3.

70. Grosjean F., « The bilingual individual », *Interpreting*, 2 (1/2), 1997, p. 163-187.

71. Voir, par exemple, « Those incredible interpreters », sur le blog « Life as a bilingual » du site de *Psychology Today* (en anglais seulement).

72. Grosjean F., « Linguistic traps await deep-cover spies », *The Guardian*, 13 juillet 2010 (en ligne sur le site).

73. Grosjean F., « Bilinguisme, biculturalisme et surdité », in Gorouden A. et Virolle B. (dir.), *Le Bilinguisme aujourd'hui et demain*, éditions du CTNERHI, 2004, p. 51-70.

74. Grosjean F., « La personne biculturelle : un premier aperçu », *Contacts sourds-entendants*, 2, 2007, p. 17-44.

75. Delaporte Y., *op. cit.*, p. 149.

76. Ben Jelloun T., « Les langues françaises », *Chroniques* disponibles sur son site, 2012.

77. Ben Jelloun T., « Suis-je un écrivain arabe ? », *Chroniques* disponibles sur son site, 2004.

78. Beaujour E., *Alien Tongues : Bilingual Writers of the « First » Emigration*, Ithaca, N.Y., Cornell University Press, 1989.

79. Cette lettre est reproduite par Myriam Anissimov dans son

excellente biographie de l'auteur *Romain Gary, le caméléon*, Denoël, 2004, p. 744.

80. Huston N. et Sebbar L., *Lettres parisiennes : Histoire d'exil*, J'ai lu, 1986, p. 14 et 212.

81. Huston N., *op. cit.*, p. 50.

Conclusion

1. Publiée sur le site du *Huffington Post* le 12 novembre 2012 sous le titre « Né pour être bilingue : Lettre à mon premier petit-enfant ».

2. Maalouf A., *op. cit.*, p. 184.

Indications bibliographiques

Abdelilah-Bauer, Barbara, *Guide à l'usage des parents d'enfants bilingues*, La Découverte, 2012.

Candelier, Michel (dir.), *L'Éveil aux langues à l'école primaire*, Bruxelles, De Boeck Supérieur, 2003.

Deprez, Christine, *Les Enfants bilingues*, Crédif-Didier, 1994.

Gajo, Laurent, *Immersion, bilinguisme et interaction en classe*, Didier, 2001.

Grosjean, François, *Life with Two Languages : An Introduction to Bilingualism*, Cambridge, MA, Harvard University Press, 1982; *Studying Bilinguals*, Oxford University Press, 2008; *Bilingual : Life and Reality*, Cambridge, MA, Harvard University Press, 2010.

Grosjean, François et Li, Ping, *The Psycholinguistics of Bilingualism*, Malden, MA & Oxford, Wiley-Blackwell, 2013.

Hagège, Claude, *L'Enfant aux deux langues*, Odile Jacob, 2005.

Hamers, Josiane F. et Blanc, Michel, *Bilingualité et bilinguisme*, Bruxelles, Pierre Mardaga, 1983.

Hélot, Christine, *Du bilinguisme en famille au plurilinguisme à l'école*, L'Harmattan, 2007.

223

Parler plusieurs langues

Hélot, Christine et Rubio, Marie-Nicole (dir.), *Développement du langage et plurilinguisme chez le jeune enfant*, Toulouse, Érès, 2013.
Lüdi, Georges et Py, Bernard, *Être bilingue*, Berne, Peter Lang, 2013.
Maalouf, Amin, *Les Identités meurtrières*, Grasset, 1998.
Moore, Danièle, *Plurilinguismes et école*, Didier, 2007.
Moro, Marie Rose, *Nos enfants demain*, Odile Jacob, 2010.
Tabouret-Keller, Andrée, *Le Bilinguisme en procès, cent ans d'errance (1840-1940)*, Limoges, Lambert-Lucas, 2011.
Walter, Henriette, *Aventures et mésaventures des langues de France*, Champion Classiques, 2012.

Sites web

Site de François Grosjean : http://francoisgrosjean.ch/accueil.html
Life as a bilingual ; blog de François Grosjean sur le site de *Psychology Today* : http://www.psychologytoday.com/blog/life-bilingual
Café bilingue : http://www.cafebilingue.com
Café bilingue Nantes : http://nantescafebilingue.blogspot.ch
Multilingual Living : http://www.multilingualliving.com
InCultureParent : http://www.incultureparent.com

Remerciements

Je tiens à remercier la maison d'édition qui publie ce livre, Albin Michel, et notamment son éditrice, Mme Mathilde Nobécourt. Elle a donné sa confiance à un spécialiste qu'elle ne connaissait pas auparavant et l'a encouragé tout au long du projet. Qu'elle reçoive ici tous mes remerciements et ma gratitude. Mme Emmanuelle Touati a revu et corrigé le manuscrit avec soin et habileté, et je lui en sais gré. Je tiens également à exprimer ma reconnaissance à Bernadette Grandcolas, amie relectrice, qui a proposé plusieurs améliorations dans la forme. Qu'elle en soit vivement remerciée!

Table

Table

CHEZ LE MÊME ÉDITEUR

Claude Allard, *L'enfant au siècle des images*

Sabine Belliard, *La couleur dans la peau. Ce que voit l'inconscient*

Annie Birraux, *L'adolescent face à son corps*
– et Didier Lauru (dir.), *Adolescence et prise de risques*
– *L'énigme du suicide à l'adolescence*
– *Le poids du corps à l'adolescence*

Gérard Bonnet, *Défi à la pudeur. Quand la pornographie devient l'initiation sexuelle des jeunes*

Elisabeth Brami et Patrick Delaroche, *Dolto, l'art d'être parents. L'éducation, la parole, les limites*

Nicole Catheline, *Harcèlements à l'école*

Pr Patrick Clervoy, *Le syndrome de Lazare. Traumatisme psychique et destinée*

Maurice Corcos, *L'homme selon le DSM. Le nouvel ordre psychiatrique*

Dominique-Alice Decelle, *Alzheimer. Le malade, sa famille et les soignants*

Patrick Delaroche, *La peur de guérir*
– *Psychanalyse du bonheur*

Pierre Delion, *Tout ne se joue pas avant 3 ans*
– *Écouter, soigner. La souffrance psychique de l'enfant*

Joëlle Desjardins-Simon et Sylvie Debras, *Les verrous inconscients de la fécondité*

Caroline Eliacheff, *La famille dans tous ses états*
– *Puis-je vous appeler Sigmund ?*
– et Nathalie Heinich, *Mères-filles, une relation à trois*
– et Daniel Soulez Larivière, *Le temps des victimes*

Christian Flavigny, *Avis de tempête sur la famille*

Fernando Geberovich, *No satisfaction. Psychanalyse du toxicomane*

Dr Alain Gérard, *Du bon usage des psychotropes. Le médecin, le patient et les médicaments*

– et le CRED, *Dépression, la maladie du siècle*

Sylviane Giampino, *Les mères qui travaillent sont-elles coupables ?*

– et Catherine Vidal, *Nos enfants sous haute surveillance : évaluations, dépistages, médicaments...*

Claudia Gold, *À l'écoute des émotions de l'enfant. Chagrins, angoisses, colères et autres problèmes du quotidien*

Roland Gori et Pierre Le Coz, *L'empire des coachs, une nouvelle forme de contrôle social*

Jean-Michel Hirt, *L'insolence de l'amour. Fictions de la vie sexuelle*

Philippe Hofman, *L'impossible séparation entre les jeunes adultes et leurs parents*

Patrice Huerre et François Marty (dir.), *Alcool et adolescence, jeunes en quête d'ivresse*

– *Cannabis et adolescence. Les liaisons dangereuses*

Jean-Marie Jadin, *Côté divan, côté fauteuil. Le psychanalyste à l'œuvre*

Simon-Daniel Kipman, *L'oubli et ses vertus*

Pierre Le Coz, *Le gouvernement des émotions et l'art de déjouer les manipulations*

Pr Daniel Marcelli, *La surprise, chatouille de l'âme*

– *L'enfant, chef de la famille. L'autorité de l'infantile*

– *Les yeux dans les yeux. L'énigme du regard*

– *Il est permis d'obéir. L'obéissance n'est pas la soumission*

– *Le règne de la séduction. Un pouvoir sans autorité*

Anne Marcovich, *Qui aura la garde des enfants ?*

Jean-Paul Mialet, *Sex æquo. Le quiproquo des sexes*

Gustave Pietropolli Charmet, *Arrogants et fragiles. Les adolescents d'aujourd'hui*

Xavier Pommereau, *Ado à fleur de peau*
– *Ados en vrille, mères en vrac*
– et Jean-Philippe de Tonnac, *Le mystère de l'anorexie*

Jean-Jacques Rassial, *Pour en finir avec la guerre des psys*

Élise Ricadat et Lydia Taïeb, *Rien à me mettre! Le vêtement, plaisir et supplice*

Renata Salecl, *La tyrannie du choix*

Serge Tisseron, *Comment Hitchcock m'a guéri. Que cherchons-nous dans les images?*
– *Vérités et mensonges de nos émotions*
– *Virtuel, mon amour. Penser, aimer, souffrir à l'ère des nouvelles technologies*
– *L'empathie au cœur du jeu social*
– *Fragments d'une psychanalyse empathique*

Jean-Philippe de Tonnac, *Anorexia. Enquête sur l'expérience de la faim*

Yvane Wiart, *L'attachement, un instinct oublié*

Jean-Pierre Winter, *Homoparenté*

Composition : IGS-CP
Impression : CPI Bussière en décembre 2014
Éditions Albin Michel
22, rue Huyghens, 75014 Paris
www.albin-michel.fr
ISBN : 978-2-226-31260-0
N° d'édition : 20893/01 – N° d'impression : 2012896
Dépôt légal : janvier 2015
Imprimé en France